박정희 황금시대

문학공원 시선 165

박정희 황금시대

김제방 시집

문학공원

서 시

고요한 아침의 나라에
가난은 나라도 못 구한다던 이 나라에
태풍이 불어와 잠에서 깨어난 백성들
푸른 들녘 방방곡곡에 솟구치는
새 희망의 소리
우리도 한번 잘살아보세!
나라를 빼앗기고도 헐벗고 못살아도
비빌 언덕이 없었던 우리민족
허공 아닌 내게로 돌을 던져라
던지다가 지쳐 쓰러질 때까지 던져라
기쁜 마음으로 맞아 주리라
언덕이 되어 주리라
내 무덤에 침을 뱉어라!
우리 모두 잘살 수 있다면 피해가지
않으리라 던 외침!
역사를 기억하지 못하면 미래도 없다고 했다

2020년 1월 6일

김 제 방

차 례

서시 5

1부. 고요한 아침의 나라

압축성장	12
중화학공업정책	14
세상 많이 변했다	15
이밥에 고깃국	16
긁어 부스럼 정치	17
한강·메콩강의 기적	18
좌파독재	19
공산당 선언	20
신남방정책	22
경포대	23
파괴는 창조의 어머니	24
검은머리 외신기자	25
서강학파 남덕우	26
거꾸로 가는 대한민국	27
남북공동연락사무소 철수	28
길 잃은 대북정책	29
조양호 총수 퇴출	30
고요한 아침의 나라	31
북에 여러 번 속았다	32

2부. 강자가 나라를 이끈다

조선왕조의 기반	34
태종 이방원	35
세종대왕의 실수	36
중전 심씨	37
세자 향珦의 결혼	38
휘빈은 아는 게 많구려	39
폐서인 된 세자빈	41
순빈 봉씨	42
원손 홍위 탄생	43
세종대왕 승하	44
문종의 승하	46
제6대왕 단종	48
북경에 간 수양대군	49
영락제의 능	51
제7대왕 세조	54
단종복위 사건	55
역모사건의 최후	57
신숙주의 업적	59
사육신의 복권	60
신숙주와 성삼문	61
태종과 세조	62

3부. 대한독립만세

암흑기暗黑期	64
한일합방	66
건국기建國期	67
이승만과 김구의 귀국	68
평양에 간 김구	70
경교장의 침묵	72
제헌국회의 성립	73
대한민국 건국	74
경교장의 총성	75
6・25전쟁	76
UN군 총사령관 맥아더	77
낙동강 전선	78
인천상륙작전	80
평양에 간 이승만 대통령	82
1・4후퇴	83
판문점 회담	85
서울 환도	90
쓰레기통의 장미꽃	92
깡통문화	93
3・15부정선거	94
4・19혁명	96
민주당 정권의 탄생	99

4부. 대한민국 황금시대

한강을 건넌 박정희 장군	104
올 것이 왔다	105
통치에 성공한 박정희 대통령	106
한국의 청사진	107
도전과 응전	108
대한민국 황금시대	109
유신본당	111
박정희 슈퍼 팬들	112
황교안 시험대 통과	113
바른 말과 억지	114
대학가 대자보	115
평양은 지금	116
속초와 고성의 산불	117
백자 항아리	118
식목일의 악몽	119
적폐청산	120
역사는 진실이다	121
성공한 지도자엔	122
공인회계사의 중흥	123
청와대 앞 한국당	124
애꾸눈의 작품	125
역사를 숨기려는 사람들	126
타도打倒	127

5부. 좌파의 파괴본색

앉으면 까진다	130
쑤시면 구린내 나고	131
미국에 간 문대통령	132
촛불정부	133
북한의 자력갱생	134
빈손 한미정상회담	135
드라큐라 공포	136
남북한의 차이	137
좌파들의 생각	138
아서라	139
김정은의 일침	141
요지경 세상	142
과유불급	143
세상이 노랗다	145
태극기의 수난	146
586세대의 정체	147
문재인 집권 2년	148
독재자 후예	149
황교안 패싱 논란	150
김정은의 대변인 짓	151
산업화의 주역 오원철	152
산업화와 민주화 논쟁	154

1부
고요한 아침의 나라

압축성장

선진국들이 수백년 걸려 이룬
산업화를 우리는 단기간에 성공시켜
이를 압축성장이라고 했다
한국경제는 오랫동안 일제강점기 등으로
정상적인 발전의 길을 걸어오지 못했고
8·15해방과 남북분단에 따른 격동기
6·25전쟁의 폐허로 참담함을
경험하면서 후진성을 면치 못했다
그러다가
1961년 5·16혁명 후 혁명정부에 의해
경제개발계획이 추진되어 1962년부터
실시한 제1차경제개발 5개년계획이
추진되었지만 순조롭지 못했다
1964년의 외환파동과 인플레이션 등
경제는 극히 어려움을 겪다가
1965년을 전후해서 한국경제는 발전의
길로 들어서게 되었다
한일회담 타결로
대일청구권자금 8억달러와 월남파병의
대가로 주어진 2억달러의 미국 무상원조
그리고 원활해진 월남수출 등이

활력소가 됐다
이 시기,에 추진된 노동집약적 경공업제품
중심의 수출전략이 큰 성과를 올려
그 결과물로 나타난 것이 1960년 후반의
고도성장이다
1965년 6.14%, 1966년 12.4%, 1967년
7.8%, 1968년 12.6%, 1969년 15.0%의
고도성장을 이뤄 한국경제는 역사상
획기적인 성장의 길로 들어섰다
당시의 영화 '팔도강산'은 이를 배경으로
큰 인기를 끌었다

중화학공업정책

우리나라 중화학공업의 발전은
정부의 강력한 권장과 밀어붙이기식
행정으로
1966년 석유화학육성법
1967년 기계공업진흥법·조선공업진흥법
1969년 전자공업진흥법
1970년 철강공업진흥법을 제정하면서
시작되었다
중화학공업 전략의 특징은
중점사업마다 중화학기지를 따로
조성했다는 점이다
포항 제철기지
창원 기계공업단지
울산 석유화학공업기지
포항 철강관련공업기지
옥포 조선공업기지 등 이로써
우리나라는 수입대체공업화에서
수출지향공업화로의 전향을 극히 짧은
기간에 효율적으로 실현한
개발도상국으로 평가받게 되었다

세상 많이 변했다

산업화가 먼저냐
민주화가 먼저냐
끝이 보이질 않는 싸움질 하다가
어제 2019년 3월 12일엔
국회 교섭단체 대표연설에 나선
자유한국당 나경원 원내대표의
'한국 대통령은 김정은 수석대변인'
말이 나오면서 국회가 난장판이
되었다

이밥에 고깃국

1960년대까지 북한이 남한보다
잘 살았는데도 1962년 김일성이
내건 유토피아의 모습은
'모두 이밥에 고깃국을 먹는 것'
이었다
김일성은 1994년에도
'쌀밥에 쇠고기국' 타령을 하면서
타계하였다
세월이 한참 흐른 지금도 북한에서
'이밥에 고깃국'은 요원해 보인다
김정은 국무위원장은
'하노이 결렬' 후 공개 메시지로
"전체 인민이 흰쌀밥에 고깃국을
먹으며 비단옷을 입고 좋은 집에서
살게 하려는 건 수령님과 장군님의
평생 염원"이라고 했다

긁어 부스럼 정치

나경원 자유한국당 원내대표의
'문 대통령은 김정은의 수석대변인'
발언으로 국회가 아수라장이 된 뒤
민주당은 나경원 윤리위 제소
한국당은 이해찬·홍영표 맞제소했다
더불어민주당 이해찬 대표는
"국가원수 모독죄다"
"정권을 놓친 뒤 자포자기하는 발언"
"좀 측은하다"
라고도 했다 민주당 일각에선
"나경원 한테 말려들었다 불쾌해도
그냥 참았으면 아무도 모르고
지나갔을 문제인데 긁어 부스럼을
만들었다"고 하는 뒷이야기다
브라보! 두 주먹 불끈 쥐는 나경원
원내대표의 표정이 인상적이다

한강 · 메콩강의 기적

문재인 대통령이
2019년 3월 15일 프놈펜에서
훈센 총리와 한·캄보디아 정상회담 후
에너지·인프라스트럭처·핀테크 등
다양한 분야에서 산업협력을 확대
하기로 뜻을 모은 자리에서
"캄보디아와 한국은 현대사의 아픈
경험을 딛고 일어나 안정과 번영을
일군 역사적 공통점을 가지고 있다"
"역사적 공통점이 '한강의 기적'에서
'메콩강의 기적'으로 이어지고 있다"
고 했다 문재인 대통령이
'한강의 기적'을 이야기 한 것은
이례적인 일이다

좌파독재

과거 보수정권을
개발독재·유신독재·군사독재라
몰아붙이던 정부여당인
더불어민주당이 좌파독재라 공격
당하고 있다
'민생'을 챙기지 못하는 독재가
무슨 의미가 있으며 공산독재는
그 책임을 지고 이미 역사 속으로
묻혀 버렸지만 한반도엔 아직도
그 뿌리가 남아 있다

공산당 선언

1849년 강화도령 이원범이 철종으로
등극할 무렵 국제적으로 큰 변화가
일어나고 있었다
프랑스에서는 나폴레옹 황제시대
왕정복고를 거쳐 1848년 제2공화정이
출범하던 해에 국제노동운동 및
과학적사회주의 창시자 칼 마르크스가
공산당선언을 발표했다
미국 캘리포니아에서는 황금선풍이
불기 시작 이 소식이 전해지자 유럽은
마치 최면술에 걸려버린 것 같았다
런던에서는 칼 마르크스가 역시
이 뉴스를 듣고 매우 의기소침해 했다
마르크스는 곧 혁명이 일어날 것이라
고대했으나 풍요의 뿔과 같은 금광을
발견함으로써
"모든 선언이 무효가 되고 모든 성명이
소용없게 되었으며 혁명에 대한
희망이 사라져 버렸다"
라고 생각하였다
1849년부터 캘리포니아에서 황금선풍이

불어 서부개척시대가 열리고 있을 때
고요한 아침의 나라 조선에서는
강화도령이 제25대왕 철종哲宗으로
등극했다
강화도령은 이제 끼니 걱정은 없었으나
안동김씨의 세도정치로 모든 것이
부자유스러워 주리를 틀고 앉아 있을
때였다
그로부터 140여년 만인 1989년에
몰락한 사회주의가 지금 우리나라에선
여당인 더불어민주당이 야당으로부터
'좌파독재'라 맹공을 당하고 있다
북한은 아직도 공산체제에서 벗어나지
못해 빈곤에 시달리고 있는데

신남방정책

문재인 대통령은 3월 19일
국무회의에서 "브루나이·말레이시아
캄보디아 모두 신남방정책의 중요한
파트너들"이라며
아세안 순방 성과를 설명했다
문대통령은 13일 마하티르 모하맛
말레이시아 총리와 회담한 뒤 공동
언론발표에서 "슬라맛 소르"라고
인사했는데 이는 말레시아어가 아닌
인도네시아어 오후 인사란다
"슬라맛 프탕"이 맞다
지난해 11월 체코 순방 때 국명을
'체코슬로바키아'로 오기 하는 등
문대통령의 잇따른 정상외교 실수에
대해 이낙연 국무총리는
"집중력과 전문성이 떨어지는 직원이
있었다고 생각한다"고 말해
대통령에게 무슨 잘못이 있는가
원고 써준 사람의 잘못인 걸 뭘…

경포대

경포대는
경제를 포기한 대통령의 약자란다
기획재정부 차관 출신 자유한국당
송언석 의원은 국회 대정부 질문에서
"시대착오적인 좌파이념으로 경제
지표들이 추락사태가 이어지고 있다"
"지난해 취업자 증가수가 전년대비
3분의1 토막이 났다 악 소리나는
재앙적 경제"라고 공격했다
바른미래당 지상욱 의원도
"문재인 정부는 희망을 키우기보다
절망에 적응하게 만들고 있다"
민주평화당 유성엽 의원도
"국정 농단한 적폐 이명박·박근혜
정부 때보다도 경제가 어렵다"고
비판했고 자유한국당 최교일 의원의
"우리나라가 현재 기업하기 어려운
여건이 맞느냐"는 질문에
홍남기 부총리는 "그렇다"고 답했다

파괴는 창조의 어머니

대법원이 1948년 '여순사건' 당시
사형을 선고받고 사망한 피고인들에
대한 재심개시를 결정했다
인천시의회는 1950년 9월
인천상륙작전으로 인한 월미도주민
피해보상을 추진키로 했다
전쟁 69년만에 국가가 주민의 피해를
보상하자는 유례없는 일이다
이에 앞서 문화체육관광부가 지난해
9월부터 '동학혁명 참여자 명예회복
심의위원회'를 구성 유족 등록업무에
나선 것도 그렇다
'파괴는 창조의 어머니'
그들 좌파의 구호로 전해오고 있다
얼마나 더 파괴해야 창조가 되는가

검은머리 외신기자

더불어민주당 이해식 대변인이
'문 대통령이 김정은의 수석 대변인이
됐다'는 기사를 쓴 블룸버그통신의
한국기자를 검은머리 외신기자로
언급한데 대해 미국의회에서도 비판이
제기 되고 있다
블름버그통신의 기사는
나경원 자유한국당 원내대표가 국회
연설에서 인용했다
이해식 민주당 대변인은 지난 13일
나경원 원내대표를 비판하면서 해당
기사를 놓고
"미국국적 통신사 외피를 쓰고 국가
원수를 모욕한 매국에 가까운 내용"
이라고 주장했다
다인종사회인 미국에선 이와 같은
발언을 하는 것은 금기로 되어 있어
소송을 당할 수도 있다는 것이다

서강학파 남덕우

박정희 대통령을 도와
'한강의 기적'을 이끈 남덕우는
서강대 교수로 45세에 재무부장관
경제부총리·국무총리까지 지내며
경제개발을 주도한 서강학파의
대부로 김만제·이승윤도 여기에서
경제사령탑으로 발탁됐던 인물들이다
이들이 성공신화를 일궈내면서
한국에서 교수는 유능한 엘리트
집단으로 부상해 정치권을 맴돌며
시류에 편승하는 교수는 폴리페서로
변신했다
문재인 캠프에 1500명이 몰려들었다
장하성·김현철 경제보좌관 등
'청와대 4인방'으로 불린 이들은
반反시장·반反기업 정책실험인
'소득주도 성장'으로 역대급 고용
참사와 분배쇼크를 초래하고 있다
이들을 인사검증에서 무사통과시킨
조국 청와대 민정수석은 야당의
퇴출 압력을 받고 있다

거꾸로 가는 대한민국

'호헌철폐!'
'독재타도!'를 외쳤던 1987년은
공산주의가 괴멸할 때 한국에선
좌파운동이 득세하고 있었다
30년이 지난 2017년엔 전 세계적으로
극우가 약진하고 있는데 한국에선
몰락했다
촛불운동으로 집권한 좌파운동권
촛불정권이 대북외교에 집착하다가
민생이 몰락하고
보수가 다시 살아나고 있다는
여론조사기관의 판단이다

남북공동연락사무소 철수

북한이 3월 22일 개성
남북공동연락사무소에서 철수했다
2월27일 2차 북미정상회담 결렬
이후 북미대화가 교착상태에 돌입
김정은 국무위원장이 남북관계를
흔들어 미국에 불만 메시지를
우회적으로 보내면서
한국이 나서줄 것을 촉구하는
메시지가 담겼다는 평가가 나왔다

길 잃은 대북정책

문재인 정부의 대북정책이
북미 양쪽에서 냉담한 반응에
부딪혀 표류하고 있다
2차북미회담 결렬 후
북한은 '미국 설득'
미국은 '북한 설득' 압력에
고민하는 문 대통령
돌파구가 보이지 않는다

조양호 총수 퇴출

2019년 3월 27일 대한항공 정기
주주총회에서 639조원의 기금을
앞세운 국민연금이 조양호 한진그룹
회장의 대한항공 사내이사 연임을
저지했다
지난해 문재인 대통령이 국민연금에
'스튜어드십 코드-수탁자 책임 원칙'
행사를 강조한 이후 주주가 대기업
사주의 경영권을 박탈한 첫 사례다
조 회장은 1999년 4월 아버지
조중훈 회장에 이어 대한항공 CEO
자리에 오른 지 20년 만에
대표이사직에서 물러나게 되었다
장녀 조현아의 땅콩회항
차녀 조현민의 물컵 갑질
부인 이명희의 갑질폭행 사건이
세상에 공개돼 한진가는 사면초가에 몰렸다

고요한 아침의 나라

지금은 아니지만
30~40년 전만 해도 대한항공을
탑승하면 좌석 앞에 꽂혀있는 책자
'고요한 아침의 나라'가 마음을
설레게 했다
김포공항에는 출국자보다
따라 나온 환송객이 더 북적대던
옛날의 기억은 추억으로 남아
'고요한 아침의 나라'는 옛이야기
거리가 돼가고 있다

북에 여러 번 속았다

2차 북미 정상회담이 결렬된 후
한 달이 되는 3월 27일
미국 워싱턴 미 의회의 외교·안보
청문회가 열렸다
'하노이 결렬'에 대한 미국 행정부와
군의 속내를 보여주는 날이었다
폼페이오 미국무장관
스틸웰 국무부 동아시아태평양
차관보 지명자
베이브럼스 주한미군사령관 등
트럼프 행정부 고위 외교담당들이
일제히 북한에 대한 최대압박
구상을 밝혔고 스틸웰 지명자는
"우리는 이미 북한에 여러번 속았다
북한의 말만 듣고 물러서지 않겠다"
"북한에 대한 지속적 압박이 유지
될 것"이라고 밝혀 북한은 여전히
거짓말을 하고 있다는 뉴앙스다

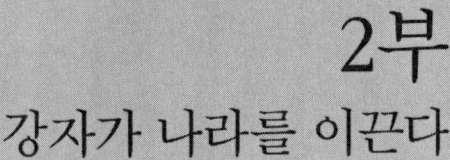

2부
강자가 나라를 이끈다

조선왕조의 기반

조선왕조 초기
태조 이성계의 세자책봉 실수를
아들 태종 이방원이 보완했고
세종대왕의 잘못된 세자·세손책봉은
아들 세조 수양대군이 만회함으로써
조선왕조의 굳건한 기반이
마련되었다

태종 이방원

아버지 이성계와 혁명을 같이 한
이방원은 과거시험에도 급제한
누가 봐도 손색이 없는 세자였다
현비 강씨의 농간으로
강씨의 소생 10세 방석을 세자로
책봉해 놓고 방원이 두려워
한양천도를 했지만 현비 강씨에게
충성맹세를 한 개국공신 정도전
등은 이방원을 죽이려다가 발각돼
그들의 목이 먼저 잘렸다
이방원이 제2대 정종의 뒤를 이어
제3대 태종으로 등극한 후에도
아버지 이성계는 아들이 보기 싫어
함흥에 칩거하면서 아들이 보낸
차사를 모두 죽여 '함흥차사'라는 말이 생겨났다
함흥에서 귀경한 이성계는 태종을
죽이려고까지 했지만 태종은 끝까지
아버지를 해치지 않았다

세종대왕의 실수

세종대왕은 수양대군을 볼 때마다
선왕인 태종을 빼닮아 성품이 괄괄해
젊은이다운 패기를 아까워했다
책을 읽는가 하면 무예에 열중하는 수양을 보면서
"차남으로 태어난 것이 한이로구나!"
다음 대를 이을 재목을 고른다면
망설일 것도 없이 수양이라 생각했다
나라의 기틀이 잡히지 않은 지금
수양과 같은 인물이 있어야 한다고 생각한 세종이었지만
대의명분을 내세워 장남을 세자로
책봉한 것이 실수였다

중전 심씨

세종대왕은
중전 심씨의 소생 8남 2녀와
5명의 후궁소생 10남 2녀를 합해
모두 22명의 자녀를 두었다
중전 심씨도 둘째로 태어난 수양이
늘 마음에 들어 수양을 보면
시아버지 태종을 보는 것 같았다
태종은 친정아버지 심온沈溫을
역적으로 몰아 자결토록하고
친정어머니는 종으로 끌려간 일로
그렇게 좋은 사이는 아니었다
그러나 시아버지 태종은
일을 해결함에 있어서 한 치의
주저함도 없이 밀어붙이는 과단성
그것을 좋아하고 있었다

세자 향珦의 결혼

세자로 책봉된 세종의 장남
향珦은 2년 후 10세가 되자
김오문의 딸을 세자빈으로 맞아
휘빈의 직첩을 내렸다
휘빈의 나이 20세로 세자보다 열 살이 많았다
첫 날 밤 합환주를 마신 세자는
홍당무가 되어 보료 위에 쓰러졌다
부축해 의관을 벗긴 신부는
반짝 들어 금침에 눕히고 보니
측은한 생각이 들었다
이 어린 신랑이 언제 커서
사내구실을 할 수 있을까
그러나 생전 처음 남자 곁에
누어있으려니 야릇한 감정이 솟구쳤다
신부는 자기도 모르게 침을 한번
꿀꺽 삼키고 가슴을 더듬었다
새가슴처럼 빈약한 세자
세자빈은 첫날밤을 속절없이 보내야 했다

휘빈은 아는 게 많구려

다음날 밤이었다
대담한 결심이라도 한 듯 세자빈은
세자의 금침 속으로 파고들어가
속삭이듯 말했다
"세자저하 소첩을 어떻게 생각하는지요?"
"그야 육례를 갖추었으니 내 지어미가 아니겠소"
"남자와 여자가 부부의 연을 맺었으면
일심동체가 된다는데 소첩은 무엇이
일심동체인지 알지 못하옵니다"
"하하 빈은 무엇을 알지 못한다는 게요?
부부는 일심동체요 동고동락이라 즉
두 몸이 합쳐 몸과 마음이 하나가 되니
추호의 간격도 있을 수 없다는 말이오
동고동락이란 기쁜일이나 궂은일이나
더불어 나눈다는 뜻이 아니겠소?"
"책에서 익힌 말씀인가요?"
"예기禮記에 있는 말이지요"
글방선생님과 같은 말을 듣고 실망하는 세자빈은
"마마 가연이란 뜻은 무엇을 말함인지요?"
"사랑을 아시는지요?"
"소첩을 은애하여 주시겠습니까?"

질문을 쏟아내고 자문자답하였다
"휘빈은 역시 나보다 남녀간의 일을 잘 알고 있구려"
"빈이 알고 있다면 가르쳐 주구려, 내 그리 하리다"
휘빈으로부터 육체의 오묘한 맛을
터득한 세자는 휘빈 처소를 수시로
들락거렸고 휘빈의 성희는 능수능란
세자를 그대로 놓아두지 않았다
천성적으로 약골인 세자는 여색을
탐하면서 몸이 더욱 야위어갔다

폐서인 된 세자빈

집현전 학사 최만리 등은 이 사실을
상감께 알렸고 세자에게는 휘빈 처소
금족령이 내려졌다
불덩이 같은 휘빈의 시달림으로부터
해방되자 세자의 마음이 가벼워졌다
그러나 며칠이 지나자
휘빈의 여체가 그리워진 세자는 은밀히
다시 찾기 시작해 한 달이 못돼서
휘빈의 정력을 이기지 못하고 병석에
눕고 말았다
세종의 진노는 이만저만이 아니었다
대간에서도 들고 일어나 휘빈은 폐서인이
되었으니 세자빈 26세 세자 16세였다
삼군도총재의 관직에 있는 친정아버지
김오문은 대궐에서 나온 시비들로 하여금
딸에게 세자빈 정장을 입히고
찬 우물물을 떠다가 북쪽을 향해
아랫목에 놓도록 명하니 부부인 이씨는
몸부림 쳤다
"부인은 욕된 삶이 그토록 소원이시오?"
체념한 모녀는 약사발을 받아야 했고
김오문은 무관답게 배를 갈라 자결했다

순빈 봉씨

새로 간택된 세자빈은 증소부윤
봉려의 딸로 세자와는 동갑나기였다
폐비 김씨에 놀란 세종임금 내외는
유약한 봉씨를 택했다
그러나 세자의 체력으로는 순빈의
욕구도 충족시킬 수가 없었다
세자는 후궁에게로 마음이 이끌렸다
세자의 시중을 들고 있던 권전의
딸로 3년을 지내는 동안
2명의 옹주를 낳자 비록 옹주이기는
하지만 혈육이 생기자 궁중은 활기가 넘쳤다
순빈 봉씨에게는 비극이었다
순빈 봉씨는 동궁시비와 동성연애를
시작했고 이 사실이 세종임금에게 보고되었다
"무엇이 맷돌부부라고요?"
상소가 빗발치는 가운데 폐서인으로
내쫓긴 봉씨는 친정 부모와 함께 자결
세자의 나이 18세였다

원손 홍위 탄생

후궁 권씨가 세자빈에 올라
난산 끝에 원손 홍위를 낳았으나
세자빈은 다음날 24세의 젊은 나이로
세상을 떠났으니 1441년의 일이다
세자 나이 28세로
1446년 세종 28년 10월 9일
훈민정음訓民正音이 반포되었다
집현전 부제학 최만리 등이
한글반포를 반대하였다
고귀한 한자말을 버리고 오랑캐나
쓰는 천한 글을 사용하는 것은
당치도 않다고 반대하는 가운데
1447년 원손 홍위를 세손으로
책봉하면서 큰 변화가 생겼다
나이가 많은 신하도 세손 앞에서는
신하의 예를 갖춰야 했다
불같은 성미의 수양대군에게 불을
지른 꼴이 되었다

세종대왕 승하

1450년 세종 32년 2월 16일 환후중의
세종은 54세의 보령으로 승하하고
제5대왕 문종1450~1452이 등극해
세종대왕의 소대상을 치르는 동안 더욱
약해진 문종은 병색이 완연했다
조정중신들은 수양대군과 안평대군의
불교숭상을 공격하고 나왔다
그 이면에는 두 대군을 제거해 후환을
없애려는 저의가 깔려있었다
문종은 입씨름을 피하기 위해
세자시절 친하게 지내던 집현전학사들을 불러들였다
성삼문 신숙주 박팽년 하위지 이개 유성원 등을 불러놓고
"내 그대들을 마음대로 만날 수 없으니
세자시절이 그립구려"
"황공하옵니다 전하 옥체를 보전하시옵소서
신 등이 열심히 학문하여 전하의 뜻을 받들겠사옵니다"
"정말 고맙소"
신하들과 옛정을 나누던 문종은 세자
홍위를 불렀다 세자 나이 10세였다
"세자야 이분들이 누구신지 아느냐?"
"예 집현전에서 학문을 연구하시는 분들이 아니옵니까"

"그렇다 더욱이 여기 계신 선비님들은
앞으로 너를 보필해줄 분들이시니라
네가 아직 어려서 모르겠지만 후일
네가 보위에 오르면 이분들을 잘 모셔야 되느니라"
"예 소자 명심하겠사옵니다"
어린 세자는 부왕의 명에 따라 이들에게
절을 하였다 깜짝 놀란 학사들은
"전하 이러시면 아니 되옵니다
저희 신들이 세자 저하께 문후를 올려야 하옵니다"
"그대들은 그대로 앉아 절을 받으시오
오늘은 그대들이 세자의 스승으로서 절을 받는 것이오"
집현전 학사들은 세자의 절을 받고
황공해했지만 훗날 그 절값이 그렇게 클 줄은
짐작도 못하고 밤을 새워 내린 하사주에 취해버렸다

문종의 승하

문종은 즉위 2년째가 되었다
병세는 더욱 악화돼 밤낮으로 누어
어느 날 영의정 황보인·좌의정 남지
우의정 김종서·좌찬성 정본 등을 내전으로 불러들였다
"내 경들을 부른 것은 과인의 병세가 깊어가기만 하니
세자의 일이 걱정되어 경들을 부른 것이오
세자 나이 이제 12세이니
과인이 죽으면 대통을 이어야 될 터인데 큰 일이오"
"황공하여이다 전하"
"여봐라 세자를 불러오도록 하여라"
내관에게 명하고 난 문종은 혼잣말로 중얼거렸다
"세자에게는 숙부들이 너무 많아…"
세자가 이윽고 들어왔다
세자의 총명함이 두 눈에 가득했으나
부왕을 닮아 나약한 기질은 숨길 수 없었다
영의정 황보인이 세자에게 물었다
"저하 소인이 누구인지 아시옵니까?"
"영의정 황보인이지요"
이번에는 좌의정 남지가 물었다
"저하 상공육경이란 무엇을 말함이옵니까?"
"삼공은 영의정 좌의정 우의정을 말하고

육경은 이조 호조 예조 병조 형조 공조의 우두머리를
말하지요"
　우의정 김종서는 감탄하였다
"참으로 왕재王才이시옵니다 참으로 총명하시옵니다"
"그래 경들이 가르치기에 어렵지 않겠소?"
"아니옵니다 전하 세자저하께서는
드물게 보이는 왕재 중 왕재이시옵니다"
"과인은 며칠을 더 살지 못하겠소
세자에게는 숙부가 너무 많아 걱정이오
세자가 즉위하게 되면 집현전 여러 학사와 함께
경들이 잘 보살펴 주시오
과인이 저승에서 그 은혜에 보답하리라"
1452년 문종이 위독하다는 전갈을 받고
수양대군 등 15명의 아우들이 입궐했다
"아우들에게 아무런 일도 해주지 못하고
이렇게 가게 되니 면목이 없네 하지만
아우들이 어린 세자를 보살펴 주시오"
하고 39세의 문종은 눈을 감았다

제6대왕 단종

문종의 고명을 받은 3정승 등 네 명이
국상의 책임자가 되었다
백두산 호랑이라 불리던 김종서는 눈을
번뜩이며 대궐 안을 돌아치니 살벌했다
세자의 신변보호를 명분으로 선왕의
형제 15명 모두 궐 밖으로 내쫓고
문종이 승하한지 3일 만에 세자 홍위가
제6대왕 단종으로 즉위했다
애지중지하던 할아버지 세종과 할머니도 돌아가셨고
부왕의 승하로 왕이 된 단종은 가례를 올리지 않아
경복궁에는 어린 단종이 외롭게 남아 있었다
섭정이 필요했지만 세자를 보양한 혜빈 양씨가
미력이나마 영향력이 있었으나
세종의 비빈이었던 관계로 궁중 법도에
따라 경복궁에 남아 있을 수가 없었다
궁여지책으로 김종서 등이 고안해 낸
것이 황표정치黃標政治였다
사실상의 섭정攝政이었다

북경에 간 수양대군

12세의 나이로 왕이 된 단종은
중국에 갈 사은사 선임으로 고민했다
안평대군이 선수를 치고 나오다가
황보인 김종서에게 눌려 좌절되었다
뒤이어 왕을 배알한 수양대군에게
"안평대군께도 말씀드렸지만 사은사는
조정중신들의 숙론을 거쳐 결정할 문제입니다"
"아니 좌상께서는 어찌 이리 종친들을
개밥에 도토리 취급을 하세요?
나는 나라 일을 걱정하여 성상께 주청을 하는 것인데
들어보지도 않고 면박을 주니
이는 종친을 우습게 보는 게 아니겠소?"
어린 임금은 눈물을 글썽거리며
"이제 그만 진정들 하십시오
두 분 정승은 어찌 숙부님들의 뜻을 막으려 하십니까
수양 숙부님으로 사은사를 맡도록 하세요"
수양대군의 판정승이었다
집으로 돌아온 수양대군은 신이 났다
호랑이 같은 김종서를 보기 좋게 물리친 것이다
이 소식을 접한 권남 한명회가 달려와
축하를 드리고 한명회가 말했다

"나으리 경축드리옵니다
이제 일은 다 된 것이나 다름없습니다
나으리께서 이번 사행길에서
꼭 한 가지 해 두어야 할 일이 하나 있사옵니다."
"그 일이 무엇인가?"
"사람을 얻는 일입니다
사행길에 서장관으로 집현전 부제학 신숙주가
나으리를 수행토록 되어 있습니다"
"신숙주를? 그는 김종서와 친분이 있으니 어렵지 않겠소?"
"그야 나으리께서 하시기 나름이옵니다
제가 알기로는 신숙주는 외곬은 아니니
넌지시 시도함이 가한 줄로 아옵니다"
"잘 알겠네"

영락제의 능

황보인 김종서는 수양대군을 사은사로
보냈지만 그냥 좌시할 사람들이 아니었다
부사에는 예조판서
서장관에는 신숙주를 임명하고도
마음이 안 놓여 황보인의 아들 황보석
김종서의 아들 김승규를 감시역으로 배행케 했다
압록강을 건널 때 수양은 신숙주와 말머리를 나란히 했다
"범옹! 늙은 여우들이 좌지우지하는 이 나라를 살리려면
강력한 정치를 할 사람이 왕실에서 나서야 하지 않겠소?"
"시생은 글 읽는 선비로 문종대왕의 유명을 받들어
어리신 임금을 보필할 따름입니다"
"그러지 말고 범옹은 훗날 나를 도와
주시오 내게는 범옹과 같은 인물이 필요하오"
이후 신숙주는 의식적으로 수양대군을 멀리했다

수양은 고명사 은사 동지사 정조사의 겹친 임무를
모두 마치고 북경의 명승지를 관광하였다
신숙주만을 대동하고 여러 곳을 보다가
영락황제의 능에 당도했다
"범옹은 영락제를 어찌 생각하시오?"
영락제 성조(永樂帝 成祖:1403~1424)는

명나라 태조 주원장의 넷째 아들로
태조의 대통을 이은 맏손자 혜제에게는
25명의 삼촌들이 있었다
정치에 실권은 태조의 고명을 받은
방효유 제태 황자칭 등 3명이 쥐고 있었다
이들은 황위를 넘보는 종친들을 하나씩
숙청 폐서인하고 주태 영락제 한 사람만 남았다
주태는 그들에게 당하느니 군사를 일으켜
혜제에게 대항해 싸워 이기고 스스로 황제가 되어
이후 22년간 내치를 튼튼히 하고
주변 속국들을 굴복시켜
명나라의 최대 전성기를 마련한 황제였다
1406년 영락제는 자금성 신축을 시작해
1420년에 완공 1421년에 북경으로 천도했다
영락제 3년에는 영락제의 명을 받은
환관 정화가 287,000명 62척의 선단으로
남경을 출발 양자강을 따라 바다로 나가
남지나해 인도양 페르시아만 홍해 아프리카
해안에 이르는 대원정에 나섰다
영락제의 이 원정은 유럽 십자군의 원정
지리상의 발견에 비견되는 역사적 사건이다

수양대군은 영락제를 비유하면서
신숙주에게 자신이 단종을 폐하고
왕위에 오르는 명분을 설명한 것이다
신숙주는 이윽고 대답하였다
"영락제는 후세에 길이 빛날 명군이십니다"
신숙주의 마음이 흔들리고 있음을 간파한
수양대군은 사은사의 임무를 마치고 귀국길에 올랐다
한명회는 송도 경덕궁에서 수양을 기렸다
"나으리 원로에 고생이 많으셨습니다
신숙주는 어찌되었습니까?"
"잘 될 것 같네"
"마치 제갈량을 얻은 기분입니다
나으리 이제 때가 된 것 같습니다
하늘이 나으리를 도울 것입니다"

제7대왕 세조

1452년 10월 황보인과 김종서가
수양대군에게 죽고 안평대군은 강화로
유배시켰다가 사사되었으니
이를 계유정란癸酉靖亂이라 했다
1455년 6월 단종은 양위를 발표했다
"과인은 아직 어려 중외의 많은 일을
감당할 수 없도다 과인이 덕이 없어
그동안 많은 사람들이 처형되었고
아직도 옥사가 계속되고 있으니
이제 더 이상 용상에 머물러 있을 수 없노라
수양 숙부에게 왕위를 전코자 하노니
조정중신들은 과인의 뜻을 버리지 말고
새 임금을 모시어 백성을 잘 다스려주기 바라노라"
왕좌를 그렇게도 갈망하던 수양대군이
보위에 올라 제7대왕 세조(世祖:1455~1468)가 되었다

단종복위 사건

세조가 즉위한 지 1년만인
1456년 명나라 고명사를 맞이할 장소로
창덕궁 광연전이 결정되었다
상왕 단종도 참석하기로 되었다
이를 천재일우의 기회로 단종복위를
계획하는 사람이 있었으니
성삼문·박팽년·하위지·이개·유응부
유성원 등이었다 성삼문이 말했다
"이번 명나라 사신이 오면 상왕·수양
수양의 아들이 한자리에 모여 사신을
접한다하오 부친과 두 분의 어르신네가
별운검으로 입시한다 하니 이는
하늘이 주신 기회라 생각하오"
"그러니까 운검을 들고 뒤에 입시해 있다가
수양과 그 아들 목을 단칼에 날려버리고…"
"그렇소 그길로 거기에 모여 있는
역적의 일당을 모두 없애버리는 것이오"

그런데 집회시간이 임박하면서 한명회는 불안했다
"전하 오늘은 날씨가 좋지 않사옵니다
행여 무슨 일이 있을까 염려되오니

왕세자 마마께오서는 그대로 경복궁에
계셨다가 만약의 사태에 대비함이 좋을 듯 하옵니다
성승 성삼문의 부친과 유응부는 별로 달갑지 않은 인물이니
별운검도 세우지 않는 것이 좋을 듯 하옵니다"
세조임금은 즉석에서 조치토록 했다
성삼문과 한명회는 전각입구에서 연회를 지휘했고
성승이 연회장으로 들어가려 하자 한명회가 제지했다
"아니 뭐라고요? 우리 무인들은 안에 들어가지 말라 그 말이오?"
단칼에 한명회의 목을 치려는 순간 성삼문이 말렸다
"아버님 왜 이러십니까? 어명으로 운검은 폐지되었습니다
세자도 오지 않았습니다
저까짓 한명회 한 놈 죽인들 무슨 소용이 있겠습니까?"
이 광경을 지켜보던 성균관 서예 김질은 가슴이 뛰었다
일은 틀어졌고 이를 고변해 목숨이라도 보전하겠다는 생각으로
장인 우찬성 정창손을 찾아가 고변했다
그 진상이 백일하에 드러난 것이다

역모사건의 최후

세조는 일벌백계의 처단을 주장하는 한명회를 향해
"내 경에게만 말하지만 성삼문 무리들을 문죄하되
과인 앞에서 전죄를 뉘우치고 충성을 맹세한다면
가벼이 넘기고 싶소
처단하기에는 아까운 인재들이 아니오?"
경복궁 근정전에서 아침조회가 시작되어
세조는 정무에 관한 몇 가지 교지를 내린 다음
추상같이 호령했다
"금위대장 게 있느냐! 성삼문 일당을 포박시켜라!"
성삼문은 일이 탄로났음을 직감하고 저항 없이 포박에 응했다
"성삼문은 고개를 들라!
네 감히 과인에게 반기를 들고서도 어찌 그토록 태연하게
과인의 측근에서 시립할 수 있단 말이냐?
과인은 너희들의 죄상을 낱낱이 알고 있으니 이실직고 하렸다!"
"이보시오 진사!"
"아니 무엇이라 네 이놈! 과인더러 무엇이라 했느냐?"
"진사라고 했습니다
선대왕의 고명을 받은 몸으로 금상으로 모셨던 어른을

다시 섬기려 하였는데 무엇이 역모란 말이오?"
세조는 기가 막혔다
"듣거라
지금이라도 네가 과인에게 칭신稱臣하여 스스로 죄를 뉘우친다면
그간의 네 공로를 생각해 재고하리라"
"신숙주 정인지 같이 썩은 무리나
하루아침에 지조를 굽히지 쓸개 있는 선비라면 그럴 수는 없소이다"
다음에 유성원 박팽년 유응부 이개 하위지가
오랏줄에 묶여 끌려 왔지만 모두가 한결같았다
살이 타고 벗겨지는 고문을 당하면서도
끝내 굴복하지 않았다
결국 삼족을 멸하는 극형이 내려졌으니
1456년의 일이다

신숙주의 업적

신숙주는 계유정란에 참여
정난공신이 되어 도승지로 승진하고
1455년 수양대군이 즉위하자
그를 적극 보좌하여 예문관대제학
병조판서 우찬성 대사성을 역임하고
1457년 좌찬성으로서 단종 금성대군을 사사케 하고
우의정에서 좌의정으로
1460년엔 강원 함길도 도체찰사로서
야인을 정벌하고 1462년 영의정으로 승진하였다
1468년 예종이 즉위하자 원상院相이 되어
남이장군을 숙청한 공으로 보사공신의 호를 받았고
성종 즉위 후에는 영의정이 되었다
경국대전 세조실록 예종실록을 편찬하고
일본과 여진의 지도를 만들고
동국통감·국조오례의를 편찬하였으며
해동제국기 보한채집 복경록 사성통고 등의 많은 업적
남겼다

사육신의 복권

제19대왕 숙종(肅宗:1674~1720)은
인현왕후와 장희빈 사이를 오가는
애정행각과 당파싸움의 소용돌이에서
송시열 김수항 김수홍 등 많은 신하를 죽이고
자기의 허물을 덮기 위해
1456년 단종 복위사건으로 처형당한
성삼문 등 사육신의 복권을 단행했다
임금을 위해서는 목숨을 초개같이 버릴 수 있는
신하가 있어야 한다는 취지였다
1691년의 일이었으니
역적으로 처형 후 235년 만에 이뤄진 복권이었다
여론을 의식해 7년 후 1698년에는
노산군魯山君을 단종端宗으로 복위시켰다
우리역사는 이렇게 변질돼 가고 있다

신숙주와 성삼문

성삼문은 충신
신숙주는 변절자
한국인 뇌리엔 이렇게 새겨졌다
과연 그럴까
신숙주는 국가 발전에 공헌했고
성삼문은 단종의 명을 재촉한 건 아닐까
누가 애국자일까
생각하기 나름이다

태종과 세조

조선왕조는 세종조에 꽃을 피웠다
태종은 아들 세종에게 성군의 길을 터주었고
세조는 아버지 세종대왕의 실수를
잘 마무리 하였으니
태종 세조의 역할을 우리는
되새겨볼 필요가 있다
필요한 때 강자가 나타나
자기 역할을 했다고 하는 사실을

3부
대한독립만세

암흑기(暗黑期)

1870년대부터 선진자본주의 국가들은
경쟁적으로 해외진출에 나섰다
1850년대 이후 구미열강이 산업혁명을 겪게 되고
자본주의가 고도로 발달해 국내에 많은 자본이 축적되자
축적된 자본을 후진지역과 해외시장을 향해 진출했다
그 결과 20세기 초까지는
아프리카 아시아의 대부분 지역이
그들의 식민지나 반식민지가 되었는데
이때 발 빠르게 근대화의 길을 걷기 시작한 일본은
일찍부터 우리나라에 진출을 꾀하고
1876년 강화도조약의 체결을 계기로 침략을 시작해 왔다
당시 흥선대원군의 퇴진으로
급격한 정세의 변화를 겪게 된 우리나라는
개화파 수구파의 관계악화를 초래하였다
1882년 임오군란
1884년 갑신정변 등으로 국가재정은
극도로 궁핍하게 되었다
외세의 침략이 날로 심해갈 즈음
전라도에서 동학봉기가 일어나
청국과 일본이 개입하면서

1894년 청일전쟁을 촉발하고
전쟁을 승리로 이끈 일본은
남하의 기회를 엿보던 러시아와
1904년 러일전쟁을 일으켜 승리하면서
우리나라에 대한 군사 정치 경제상의
우위를 국제적으로 인정받게 됐다
일본은 1905년 한일의정서를 성립시켜
내정간섭을 하면서 고문정치를 시작하며
다시 을사보호조약을 체결하고
우리나라에 통감부를 두고 보호정치를
실시해 외교권을 빼앗아갔다

한일합방

1907년 헤이그 밀사사건을 계기로
일본은 차관정치를 실시하고
군대까지 해산하게 되었다
이때 안중근 의사는 일본 총리대신
이토 히로부미伊藤博文를 만주 하얼빈역에서 살해하면서
한일관계는 급랭해졌다
마침내 1910년 8월 22일 한일합방조약을 체결하고
8월 29일 우리나라는 일본의 영토로 편입되어
1945년 제2차 세계대전에서 일본군이
연합군에 항복함으로써 해방이 될
때까지 36년간 식민지가 되었다
암흑기暗黑期의 절정이었다

건국기 建國期

1945년 8월 15일 정오 일본천황이
항복한 사실을 방송으로 우리나라에 알렸다
사람들은 대전의 종결과 함께
지구상에는 평화롭고 자유로운 세계가오리라
믿고 있었으나
전후의 세계는 그렇지 못했다
연합국 진영에는
자유주의自由主義와 공산주의共産主義 두 진영이 있어
미국을 축으로 하는 자유주의와
소련을 축으로 하는 공산주의로
세계는 평행선을 긋고 서로 불신하고 반목하면서 싸웠다
그 과정에서 우리나라는 분단되어
현재까지 남북대치가 계속되고 있다

이승만과 김구의 귀국

이승만(71)은 1945년 10월 26일
귀국일성으로 '뭉치면 살고 흩어지면 죽는다'며
자기를 중심으로 뭉치자 했다
김구(70)·김규식(65)은 11월 23일 중경에서 귀국해
자기들의 임시정부가 그대로 정통을 이어받아
정부 행세를 하려고 했다
미국은 1947년 10월 UN총회에
한국문제를 상정해 11월 14일 드디어
한국의 단독정부 수립을 돕기 위한
UN한국임시위원단의 설치를 가결하고
1948년 1월 8일 UN한국임시위원단이 서울에 왔다
호주 캐나다 엘살바도르 인도 필리핀 시리아 우크라이나 중국 등 9개국으로 구성되고
임시위원단 의장은 인도대표 메논이었다
소련을 편든 우크라이나는 불참했고
소련은 자기들 점령지역인 38선 이북에 위원단의 입북을 거부하였다
이때 김규식은 단독정부의 수립은
한국의 분할을 공식화하는 것이라 반대했다
김구도 역시 단독선거를 반대하고
미군과 소련군은 철수하라고 주장했다

1947년 7월 여운형이 혜화동 로타리에서 암살되었고
12월에는 장덕수가 제기동 자택에서 피살되었다
범죄를 교사한 자가 한독당 정무위원인 김석황으로 밝혀져
미군정청에서는 군사재판으로 다루고
증인으로 김구가 출두하였으나 끝까지 부인하였다
결국 증거불충분으로 원만하게 끝났지만
김구의 체면에 적지 않은 손상을 입게 되었다
우여곡절 끝에 메논 의장은 UN총회에 건너가
그동안의 한국실정을 보고하였다
1948년 2월 26일 열린 UN총회는
한국의 혼돈상태 타개를 위한 방편으로
가능한 지역에 총선거를 실시할 것을 가결함으로서
이승만의 손을 들어줬다
김구와 김규식 등 남북협상파는 평양에 가
김일성을 만나 협의하겠다고 나섰다

평양에 간 김구

미군정청에서 정식허가를 받은 김구 등
협상대표들은 38선을 넘어가 1948년
4월 19일부터 회의가 시작됐다
모란봉 공회당 회의장에는
54개 정당과 사회단체 대표가 모였다
김구 일행이 회의장에 들어가자
중앙단상에는 김일성 김두봉 최용건 등
북조선 최고 간부들이 자리하고
사회자의 소개를 받은 김구와 김규식 등은
우레와 같은 박수를 받으며 인사했다
회의순서에 따라 각 정당대표들의 연설이 시작되었다
북쪽 대표들은 물론 남한에서 올라간 정당대표들도
입을 맞춘 듯 남북통일이 안 되는 근본원인은
미제국주의자와 이승만 때문이라는 욕설로 일관하였다
한국독립당을 대표하여 연설에 나선
32세의 조일문은 분통이 터졌다
조일문은 한국독립당의 통일정책은 민족정기에 입각하여
외세에 아부하지 말자는데 있습니다, 라고 말하고
이북의 지도자들에게 소련에 아부하는
사대주의 사상을 버릴 용의가 없느냐고 신랄하게 물었다

단상에 있던 김일성 김두봉 최용건 허헌 박헌영 등의
생각은 착잡하였다
　이들은 김구와 김규식을 따라온 사람들을 회유해서
그들 노선에 찬동케 하려는 계책을 세우고 있었으나
결과는 실패였다
　김일성은 남한대표자들이 평양에 있는 한
부작용이 클 것이라 생각하였다
　회의를 일사천리로 매듭짓고 이들을 속히
남쪽으로 쫓아버리려고 하였다

경교장의 침묵

평양의 김구 숙소에서 소동이 벌어졌다
"세상에 그런 못된 놈들이 있어!
저들끼리 결정서 작성위원을 뽑아가지구
그놈들 하는 짓이 수상타 했더니
결국 우릴 우롱해?"
김구를 둘러싸고 있던 사람들은 발을 구르며 분개하였고
김구는 침대 베개에서 단도를 꺼내 자기의 배에 갖다 댔다
"아니 주석 선생님! 왜 이러십니까?"
"이걸 놓아 난 죽어야 해! 난 죽을 수밖에 없어!"
엄항섭은 김구의 손에서 단도를 간신히 빼앗았다
그러나 김구는 소리 없이 울고 있었다
5월 5일 이들 일행은 38선을 넘어왔다
돌아온 김구는 통일정부 수립을 위한
자신의 구상이 실패하였음을 자인하고
경교장에서 두문불출하였다
세인의 이목도 경교장을 떠나고 있었다

제헌국회의 성립

1948년 5월 10일 역사적인 총선거가 실시되었다
북한의 의석 100석을 남겨두고
198명의 국회의원을 선출해 제헌국회가 구성되자
김일성은 5월 14일 압록강수력발전소 공급선을 절단해
남한은 암흑천지가 되었다
국회의장에는 이승만
부의장에는 신익희와 김동원이 선출되었다
이승만은 개회사에서 본 회의는
1919년 생긴 상해임시정부를 계승할 것
38선 이북 450만 동포가 하루바삐
자유선거를 실시하여 국회의원 100석을 채울 것과
미군은 우리나라의 국군이 편성될 때까지
주둔할 것 등을 역설했다

대한민국 건국

1948년 7월 1일 국회는 국호를
대한민국大韓民國으로 결정하였다
대한민국 헌법과 정부조직법을 17일 공포하고
20일 국회에서 무기명투표로 정부통령 선거를 실시해
이승만 180표, 김구 9표, 안재홍 2표 서재필 1표로
이승만李承晩이 초대대통령이 되었다
부통령 선거에서는
이시영 113표, 김구 69표, 조만식 10표, 오세창 5표
장택상 3표, 서상일 1표로
3분의 2선인 132표에 미달해
2차투표에서 이시영 133표, 김구 62표로
이시영이 부통령이 되었다
그해 12월 19일 UN총회는
46대 6으로 대한민국을 승인하였다

경교장의 총성

1948년 8월 15일 대한민국이 수립되고
9월 소련이 북한에서 철군을 발표했다
10월 미국은 당분간 남한에서 철군하지 않는다는
성명서를 발표하였다
12월 소련이 북한에서 철수했다는 발표를 하자
1949년 6월 미국도 남한에서의 철군하는 등 어수선했다
1949년 6월 29일 낮 서대문 경교장에
육군소위 정복을 한 안두희가 면회를 신청했다
김구는 남북협상 차 평양에 갔다가 망신을 당하고
돌아와 두문불출하고 무료하던 차에 면식이 있는
안두희를 맞아 의심 없이 세상 돌아가는 이야기를 하였다
동석했던 비서가 밖으로 잠시 나가자
바로 그때 안두희는 권총을 꺼내 들고
김구를 향해 네발을 쏘았다
74세의 김구는 속수무책으로 쓰러졌다

6·25전쟁

　한반도에서 미군과 소련군이 철수할 때
　미국은 남한의 이승만 정부가
　북진통일을 기도할 수 있다는 우려로
　탱크나 공격용 무기를 모조리 가지고 철수했고
　소련군은 잘 훈련된 중무장의 인민군을 양성해 놓고
철수했다
　1950년 6월 25일 새벽 4시 30분
　북한공산군은 일제히 38선을 넘어와
　옹진 개성 동두천 춘천 안악 등지의 육로와
　동해안을 돌아 삼척 임원진에 상륙하였다
　국군은 즉각 5개 연대를 일선에 급파
　26일 옹진반도의 국군 제17연대는 역부족으로 철수해
　의정부가 적의 수중에 들어갔고
　27일 저녁 서울 미아리 고개에 있던 국군 제5사단과
제7사단 진중에
　적이 침입해 육박전이 벌어지고
　인민군 전차부대가 서울로 침입하자
　라디오 방송으로 서울 사수를 다짐하던 이승만 대통령은
　수원으로 피난을 떠났다

UN군 총사령관 맥아더

한국에서 전쟁이 발발하자
6월 27일 트루먼 미국 대통령은
미해군과 공군병력을 파견하였다
같은 날 유엔안전보장이사회는
공산군의 침략을 격퇴하기 위해
유엔군 파견을 만장일치로 통과시켰다
소련대표는 한국의 내전이니 유엔은
이에 간섭하지 말라고 반대했으나
미국은 서둘러 유엔군을 조직하고
미국 영국 오스트레일리아 네덜란드 뉴질랜드 캐나다
프랑스 필리핀 터키 남아프리카연방 태국 그리스 벨기에
룩셈부르크 콜롬비아 에티오피아 등 16개국이 참전하였다
유엔군 총사령관에는
제1차 세계대전 때 참모장교로 종군
제2차 세계대전 때 미국 극동사령관이었던
더글러스 맥아더 원수가 임명되었다
6월 29일 유엔군사령관 맥아더가 비행기로 수원에 내려
이승만 대통령을 만나 공산군 격퇴를 다짐했다

낙동강 전선

1950년 7월 5일
미 제24사단 제1대대가 오산에서 인민군과 대전하게 되었다
7월 13일 미8군사령관 워커 중장이 취임하여
미군은 모두 그의 휘하로 들어갔으나
미군은 여차하면 후퇴하고
오산에서 승리한 인민군은
평택 성환 천안까지 밀고 내려갔다
아군 측에서는 대전을 중심으로
적군을 저지하려 했으나 급격히
밀려와 7월 20일 대전도 빼앗겼고
이때 딘 소장이 행방불명 되었다가 나중에 포로가 된 것으로 밝혀졌다
인민군의 공세는 활발했다
우리 정부는 수원 대전 대구 부산까지 피난하였고
대전을 점령한 인민군은 다시 진로를 3분하여
일부는 서쪽으로 호남 일대를 휩쓸고 마산에 닿았고
일부는 경부선을 따라 대구로 향하고
나머지 일부는 포항에 육박했다
아군은 유엔군총사령관 산하에 국군까지
작전계통을 통일하고 부대를 대폭 증강

낙동강 전선을 마지막 방어선으로 삼아
반격을 개시했다
드디어 8월 7일 아군은 마산지구에서
반격 하동지구를 탈환하여 전쟁 후
아군이 가한 최초의 반격이었다
8월 13일에는 동부전선 포항에 돌입한
인민군은 국군 수도사단과 제3사단이 격퇴시켰고
대구지구는 당시 인민군의 주공격지점이었다
낙동강 도하작전을 위해 10일 4개 사단의 병력을 투입
인해전술로 밀어붙여
16일 유엔군은 하루 사이에 99대의 B29가 출격
적의 집결지인 왜관에 도합 850톤의 폭탄을 투하하였으나
적은 굴하지 않고 북방 13마일 지점까지 육박하였다
8월 18일 정부는 부산으로 피난을 떠났다
이때 영국군과 미군의 지원을 받은 국군 제1사단은
23일까지 대구 북방의 전세를 역전시켜
낙동강 이남지역을 확보하면서
인민군의 사기는 극도로 떨어지고
이제 아군의 북진만이 기다리고 있었다

인천상륙작전

아군이 육전에서 전과를 올리기까지는
공군의 지원폭격이 주효했다
유엔군은 개전 20일 만에 제공권을 장악
B29 등 중폭격기는 적 후방의 교통로를 파괴했다
평양 진남포 함흥 성진 청진 나남 등지의
군수품공장도 완전히 파괴시켰다
해군도 제해권을 장악하고 있었으나
지상작전이 후퇴를 거듭하여
큰 활약을 못하고 있던 중
낙동강 전선에서 육군의 반격이 개시돼
전격적으로 북상을 기도하는 맥아더의 명령에 의해
중대한 작전임무를 맡게 되었다
그게 바로 9월 13일 개시된 인천상륙작전이다
이때 김일성은 민족보위상 최용건을
서울방위사령관으로 2만의 병력을 투입
최후의 저항을 시도하였다
9월 20일에는 아군수색대가 한강을 건넜고
23일에 국군해병대와 미 제1해병사단이 서울 서북방
안산을 점령
24일 마포로 도강해 시내로 돌입했다
25일 관악산 방면으로부터

국군 제17연대와 미 제7사단이 한강을 도강
서울로 진격해 왔다
인민군은 결사항거 시가전을 벌이다가
병력의 대부분이 섬멸되자 퇴각하여
1950년 9월 28일 역사적인 서울 탈환이
이루어져 중앙청 첨탑에 태극기가 계양되었다

평양에 간 이승만 대통령

맥아더 장군은 9월 30일
북한공산군 사령관 김일성에게
항복권고문을 보냈다
김일성은 이를 거부하고
남한 지역에 있는 공산군의 전면퇴각을 하달했다
유엔군 사령부는 38선 돌파를 명령
10월 1일 국군 제3사단은 이종찬 대령 지휘 하에
최초로 38선을 넘어 북으로 달렸다
중부전선과 서부전선이 평양에 육박
10월 26일 압록강에 이르고
29일 이승만 대통령은 평양을 방문해
이제야 남북통일이 되었다고 일장 연설하였다
서울이 인민군에 점령당한 지 4개월 만의 일이다
평양시민들은 태극기를 흔들며 열광적으로 환영하였다

1·4후퇴

1950년 10월 한만국경까지 육박해
들어가 전쟁이 거의 끝나가는 것처럼 보였다
트루먼 대통령은 맥아더 장군에게 축하를 보냈다
곧 이어 웨이크섬에서 회합을 했다
맥아더장군은 여기서 소련군과 중공군이 개입하지 않으리라는
자신의 견해를 피력했으나
1950년 11월 26일 중공군이 사전통고 없이
한국전에 병력을 투입한 것이다
국민당의 장개석 정부와 내전에서 승리한 모택동은
1949년 10월 1일 중화인민공화국을 수립하고
중공군은 4개군단 50만 병력으로
고원지대를 타고 내려온 것이다
맥아더 장군이 지휘에 나서 총공격을 시도했지만
실패하고 12월 2일에는 유엔군이 평양에서 완전히 철수했다
12월 23일 워커 중장이 일선시찰 중
포천으로 가는 축석령 고개에서 자동차 사고로 사망하고
릿지웨이 중장이 미 8군사령관으로 취임했다
서울에서 이승만 대통령이 시민들에게 소개령을 내리고
1951년 1월 4일 서울이 적의 수중에 들어가게 되었다

이것이 1·4후퇴다
1월 7일에는 수원이 함락되고 적은 남진했다
유엔군은 1월 15일 오산을 탈환하고
28일에는 중부전선이 횡성을 탈환
아군의 반격으로
2월 2일 전사한 인민군 사령관 김책金策을 비롯해
10만명의 전사자를 낸 적군은
2월 7일부터 전면 퇴각을 개시
일진일퇴를 거듭하던 국군은 3월 2일
한강을 넘을 수 있었다
3월 14일에 국군 제1사단이 서울에 진주하면서
두 번째 수복이 이뤄졌다

판문점 회담

1·4후퇴로부터 70여일 만에 서울이 수복되고
1951년 3월 24일 한국군은 38선을 돌파 북상을 시작했다
맥아더 장군은 인민군 측에 휴전을 요구
만일 응하지 않을 경우 대량보복을 받게 되리라는
독자적인 안을 김일성에게 제시했다
그러나 이 제안은 묵살되었다
트루먼 대통령은 맥아더 장군의 월권을 경고하였지만
맥아더 장군은 트루먼의 명령에 불복
의회와 미국 국민에게 서한을 발송했다
서한에서 중공에 대해 강경한 정책을 취해야 하며
장개석 정부군의 개입까지 불사해야 한다고 주장하다가
1951년 4월 14일 맥아더 장군은 해임을 당했다
만주를 폭격하여 중공군의 기동을 분쇄하고
한국의 완전통일을 주장한 맥아더는 말했다
"노병은 죽지 않고 사라질 뿐이다"
중공군은 4월 23일에 춘계 대공세로
김화 남방의 아군방위선을 돌파하여
28일 춘천에 30일에는 서울 우이동에 육박했다
그러나 5월 16일 제2차공세로
인제지구에 남침한 공산군은 동원병력

11만 중 5만여 명의 사상자를 내고 쫓겨갔다
6월 3일 아군의 서부전선은 연천지구로
진격 6월 6일 중부전선은 평강에서 대치해
'철의 삼각지대'를 이루는 철원 김화를 점령했다
동부전선은 고성까지 올라가자
전세가 불리함을 안 공산군은 6월 23일에
정전을 제의해왔다
한편 국군은 후방에서 지리산 일대로 집결한
폐잔공비 소탕작전을 개시하여 소탕을 끝내자
거제도 포로수용소에서 소요사건이 발생했다
1952년 5월 7일 공산군포로를 수용하고 있던
제76포로수용소에서 공산포로들이
포로수용소장 돗드를 납치하고
그를 석방하는 조건으로 4개항목을 요구했다
포로의 대우개선
자유의사에 의한 포로송환방침 중지
포로 심사의 중지
포로대표위원단의 인정이 그것이었다
6월 1일 돗드 소장은 무사히 구출됐다
부산포로수용소에서는 6월 7일부터 3일간
경비병에게 반항 피살되는 사건을 계기로 폭동이 일어나

105명의 반공포로가 공산포로에게 살해되었다
휴전회담이 개시되면서 한국전쟁은
전사 상 처음 보는 제한공격 전법을 채택
'철의 삼각지대 전투'가 벌어졌다
포격을 강화한 공산군은
1일 평균 2만발을 발사하고 인해전술로 육박
6일 동안 일곱 번이나 주인이 바뀌는
치열한 전투가 벌어졌다
미국은 1951년 최초의 수소폭탄 실험을 했다
영국의 총선거는 노동당의 애틀리 수상을
퇴진시키고 윈스톤 처칠을 수상으로
선택해 1945년 7월 총선에서 애틀리에게
패배하고 물러났던 처칠이 다시 수상의
자리에 오르게 되었다
1952년 미국의 대통령 선거에서는
공화당은 원만한 성격의 보수주의자인
나토군 사령관 아이젠하워 장군을 제34대
대통령 후보로 부통령 후보는 닉슨을 지명하였다
아이젠하워는 민주당정부의 부패
공산주의의 침투
한국전쟁 문제 등을 공격함으로써 승리했다

한국전쟁이 장기화되는 가운데
이를 마무리 하려는 아이젠하워는
휴전을 강하게 반대한 이승만 대통령
제거계획을 신중하게 검토하기도 했는데
1953년 3월 5일 소련의 스탈린이 사망해
소련 최고지도그룹의 후계 다툼으로 이어졌다
바로 이때 한국에서는 휴전 회담이 1953년 4월 6일
재개되어
7월 27일 10시에 정전협정이 정식으로 조인돼
한국전쟁은 끝났다

그러나 한국전쟁의 의미는 컸다
1949년에 창설된 NATO
미국의 NATO가입은 평화시에도 미국이
유럽에 군대를 파견하는 의무를
처음으로 가지게 되었다는 점에서
미국외교의 혁명적 변화를 의미하였다
냉전형성은 미국과 소련의 대결이
유럽을 중심으로 전개되었으나
1949년 모택동의 중국통일과
소련의 원자폭탄 실험성공 등을 거치면서

냉전은 점차 세계화되기 시작했다
전후의 냉전체제가 전 세계적인 차원에서
정치 경제뿐만 아니라 군사적인 것까지
본격적으로 작동하게 된 것은
한국전쟁이라는 결정적인 계기를 통해서였다

서울 환도

1953년 7월 27일 휴전협정이 조인되고
부산에서 피난생활을 하던 정부는
8월 15일을 기해 서울로 환도한다고 발표했다
피난생활을 청산하고 서울에 돌아온 시민들은
서울이 폐허가 된 것에 놀랐다
길가의 고층건물은 흉물스럽고
주택가는 포탄을 맞아 파손된 채 방치되고
서울의 동맥인 전차선로는 녹슬어
임자 없는 서울에는 잡초만 무성하였다
한국전쟁은 한국역사상 가장 비참한
동족상잔同族相殘의 비극이었다
자유 공산 양대 진영의 세계적인 전쟁으로
유엔측은 전쟁비용으로 150억 달러를 썼고
한국을 포함한 유엔 측의 총 사상자수는 33만여 명에 달했다
3년 1개월 혈전에서 국토는 초토화되고
10만 명의 전쟁고아와 20만 명의 전쟁미망인이 발생했다
경제 사회적으로 암흑기였다
우리는 암흑기를 두 번이나 경험했다
무엇보다 한국역사 이래 최대한으로 도입된

외래풍조는 전쟁이라는 악조건에서 잘못
소화돼 윤리적 타락을 불러와 암담하였다
특히 '잘못된 민주화' 질서의식이
결여된 '방종한 자유'와 능력을 무시한
'평등'을 외쳐대는 그릇된 민주화의 도래는
그 후유증이 아직도 우리사회에 남아
수시로 분출하고 있다

쓰레기통의 장미꽃

1952년 군인들은 전쟁터에서
목숨 걸고 싸우고 있는데
피난지 부산에선 정치인들의 싸움이 볼만했다
이때 영국에서는
엘리자베스 2세 대관식이 있었다
2차 대전의 영웅 처칠 영국수상이
한국정치를 바라보면서
"한국에서 민주주의를 기대하는 것은
쓰레기통에 장미꽃이 피기를 기다리는 것과 같다"
그만큼 한국정치는 난장판이었다

깡통문화

한국전쟁은 우리를 크게 변모시켰다
가뜩이나 못사는 나라에
정신적으로 전쟁에 시달린 나머지
마음의 공허감을 심어
인생에 대한 불안감이 깃들어
사이비 종교가 성행하고
폐허가 된 거리에는 먹고 살려고
아귀다툼을 벌이는 군상으로 가득했다
퇴폐적인 외래풍조가 여과 없이 흘러들어
청춘남녀의 색정을 유발했는데
이는 전통적 유교사회에 불어 닥친 엄청난 변화였다
교회를 통한 구호사업이 활발하게 전개되면서
신흥교회가 우후죽순처럼 생겨나고
폐허가 된 이 땅에 가장 두르러진 현상의 하나는
깡통문화의 범람이었다
사회도 빈 깡통처럼 소리만 요란해
1960년 3·15부정선거로부터 시작해 4·19로 이어지는
우리사회는 무정부상태였다

3·15부정선거

1959년 겨울에 들어서면서 관심은
1960년 정·부통령 선거였다
1956년 5월 15일 실시한 제3대
대통령 선거에서 자유당은
이승만·이기붕 정부통령 후보를
민주당은 신익희와 장면을 정부통령 후보로 등록했다
그러나 선거유세 중 신익희 후보가 급서하면서
대통령은 자유당의 이승만이
부통령은 민주당의 장면이 당선되었다

1960년 3월 15일 정부통령 선거일이 다가왔다
자유당은 이승만과 이기붕을 일찌감치 결정한데 비해
민주당은 신구파로 갈려 집안싸움이 한창이었다
신파의 장면 세력과 구파의 조병옥 세력이 백중세였다
투표에 의해 대통령 후보에 조병옥
부통령 후보에 장면이 지명됐으나
이번에는 조병옥 후보가 2월 15일
미국 월터리드 육군병원에서 개복수술 중 사망했다
두 번이나 연거푸 야당 대통령 후보가
세상을 떠난 것이다
망연자실한 국민은 이게 무슨 조화냐?

그러나 자유당은 이기붕 부통령의
당선을 위해 부정선거를 하였다
금권 관권 사전투표 등으로
득표수가 선거인 수보다 많았다
자유당 선거대책위원장 한희석은
이승만 대통령의 표는 80%선
이기붕 부통령의 표는 75%선으로 낮추라는 전통을
각 도지사에게 하달하는
웃지 못 할 일이 벌어졌다

4·19혁명

경남 마산에서는 야당 간부들이 선거무효를 선언하고
항의데모를 시작했다
경찰은 소방차로 물을 뿌리고 발포했다
학생 한 명이 실탄을 맞고 쓰러졌다
성난 군중은 파출소를 습격하고
서울신문사 마산지국을 파괴하였다
대통령에게 보고되었다
민주당이나 좌익분자들의 소행이니
철저하게 조사하라는 지시가 내려져
경찰의 발포로 100여명의 사상자를 내고
일단 사태가 수습되었다
내무부장관 최인규가 물러나고 홍진기가 임명되었다
4월 11일에는 1차 발포 때 사살된 김주열(18)의 시체가
눈에 최루탄이 박힌 채 바닷가에 떠올라
1960년 4월 18일 오후 고려대학교 3천여 학생들이
국회의사당 앞에 모여 부정선거를 규탄했다
연좌데모를 하다가 저녁때가 되어
학생대열이 종로4가 천일백화점 근처에 당도했다
이때 난데없이 정체불명의 괴한들이 달려들어
학생대열을 헤치며 닥치는 대로 주먹을 휘둘러
순식간에 10여명의 학생들이 쓰러졌다

"깡패의 습격이다!"
깡패들은 도망가고 몇 명만 붙들렸다
정치깡패 이정재 부하들의 난동이었다
4월 19일 조간신문에 이 뉴스가 보도되자
아침부터 학생들이 데모에 가담 국회로 몰려갔다
"3·15부정선거 다시 하라!"
"이승만 정권 물러가라!"
이게 4·19혁명의 시작이었다
4월 20일부터 거리의 치안은 회복되었다
경찰대신 군인들이 요소요소를 지키고
학생들도 치안유지에 대거 동참했다
4월 21일 국무위원이 총사직했다
　서울에서 149명, 마산 15명, 부산 15명, 김천 2명, 광주 7명 등 전국에서 188명이 사망하고 부상자는 1,817명으로 발표됐다
　23일 이승만 대통령은 병원을 찾아가
　부상자들을 위로하고
　대통령직 외에는 모든 공직에서 사퇴한다는 성명서를 발표,
　거국내각을 구상하고 허정 변영태 이범석 윤치영 김현철 등을 불렀다

국민이 원하는 것은 대통령의 하야였다
25일부터 각 대학교 교수들이 데모를 시작했다
학생과 시민이 합세
"이승만은 물러가라!"
서대문 국회의사당 중앙청 등 세종로
일대는 인산인해를 이루며 밤새도록 데모
군중이 들끓었다
4월 26일 이승만 대통령은
"국민이 원한다면 물러가겠노라"
27일 이승만 대통령은 허정許政을 외무부장관으로
내무부장관에 이호
법무부장관 권승열을 임명하고 하야했다
이기붕은 집을 탈출하여
전선의 어느 사단장에게 몸을 의지하고자 하였으나
거절당하고 서울로 들어와 경무대 근처
안가에서 대통령의 하야를 지켜본 후
이승만의 양아들 이강석 이기붕의 장남이 가족을 향해
권총을 쏘아 집단 자살했다

민주당 정권의 탄생

허정 과도정부가 수립되고
3·15부정선거의 원흉 최인규 체포령을 내렸다
깡패두목 이정재와 치안국장 이강학을 구속하고
자유당 간부 한희석과 경무대 책임자 곽영주
국회부의장 이재학 등이 구속되었다
세상은 어지럽고 험악했다
민주당은 여당행세를 하였지만
1960년 6월 12일에는 민주당 신구파가
국회의사당에서 폭력을 휘둘러 국민의 빈축을 샀다
'대통령중심제 고수냐'
'내각책임제로의 개헌이냐'
결국 내각책임제 개헌으로 208대3으로
개헌안이 통과됐다
대통령은 국가의 상징적인 존재로
실권은 국무총리가 가지게 되었다
1960년 7월 29일로 선거일이 공고되었다
공천다툼으로 신파와 구파는 뚜렷하게 갈라졌다
총선은 민주당의 압도적인 승리로 끝났고
구파는 대명관에서 신파는 아서원에서
당선대회를 개최하는 등 갈등은 심화되어
8월 12일에는 민참의원 합동회의에서

윤보선 의원이 208표로 대통령이 되었다
대통령은 국무총리를 지명하고 국회의
인준을 받아야 했는데 8월 16일 윤보선
대통령은 같은 구파의 김도연 의원을
국무총리로 지명했지만 과반수의 미달로 부결되었다
8월 18일 신파의 장면 의원을 국무총리로 임명하여
19일 인준투표에서 225표 중 117표로 가결
결국 신파에서 실권을 장악
구파에서는 약체내각이라 공격했다
이렇게 하여 민주당 정권이 탄생했으나
신구파의 갈등과 사회혼란은 여전하였다
학생들의 데모는 툭하면 일어났다
교장 배척데모, 교사 배척데모, 납입금 인하
심지어는 시험을 거부한 데모까지 있었다
민주당 정부에서 데모를 방치해 데모는
기승을 부렸다 학생은 물론 일반 직장인과
경찰도 데모하는 세상이 되었다
가지각색의 데모가 난장판을 치자 이제는
'데모를 하지 말자'는 데모까지 하였다
1960년 10월 8일 혁명재판에서 거의 모두
무죄로 석방되면서 여론은 혁명정신을

모독한 것이라 하면서 장면내각을 불신하기 시작했다
지난 1년 동안 신물나게 데모가 극성을 부리는 가운데
혁신계통 단체의 준동으로 세인의 주목을 끌기도 했다
노동단체와 교원노조가 탄생하여
교원들이 단식투쟁을 했다
이제는 싫증이 날 때도 됐지만
혁명 1주년이 되는 1961년 4월에 접어들어
다시 혁명이 일어난다고들 했다

이무렵 미국에서는 아이젠하워 대통령의 임기가 끝나고
1960년 11월 대통령선거가 실시되었다
공화당은 40대 젊은 부통령 리처드 닉슨을
민주당은 40대 존 에프 케네디를 대통령 후보로 지명했다
냉전이라고 하는 1950년대의 암담한 경험을 한 후
1960년대의 착잡한 징후와 함께
43세의 젊은 나이로 미국 제35대 대통령에 당선된
케네디(재임 1961~1963)는 미국역사상 가장 젊은 대통령이었다

4부
대한민국 황금시대

한강을 건넌 박정희 장군

1961년 5월 16일 3시 20분
박정희(45) 육군소장과 김종필(36) 육군중령 등
육군 장교 250여명과 사병 3500여명의 혁명군이
한강 도하작전을 시작해
곧바로 중앙청과 중앙방송국 등 서울의 주요 거점을 점령했다
6·25전쟁을 통해 급부상한 군부는
한국사회의 중추세력으로 성장하였다
당시 군인들은 합리적 교육을 받아
조직력 관리능력 추진력 애국심 등
민간인이 갖추기 힘든 요소들을 모두 갖추고 있었다
특히 조직면에서는 가장 앞선 그들이
혜성처럼 나타나 혁명을 깔끔하게 성공시킨 것이다

올 것이 왔다

실권이 없던 윤보선 대통령은
경무대로 들어와
청와대로 개칭한 이래
1961년 5월 16일이
처음으로 분주한 날이 되었다
윤보선 대통령은
"올 것이 오고야 말았다"고 해
시대의 실상을 대변하고 있었다

통치에 성공한 박정희 대통령

1963년 제5대대통령 선거 때에는
처음부터 당락을 예측하기 어려운 박빙의 대결이었으나
1967년 5월 제6대대통령 선거는
박정희 후보와 윤보선 후보의 맞대결로 시작되어
박정희 후보가 여유 있게 앞서 나갔다
제1차 경제개발 5개년계획을 성공적으로 이끌어
자신감을 얻은 박정희 대통령은 집권여당으로서도
프리미엄이 전번과는 비교할 수 없을 만큼 컸고
재선에서 압승하면서
더 큰 그림을 그릴 수 있게 했다

한국의 청사진

1968년 국민에게 보내는 신년 메시지에서
박정희 대통령은 100년 전 자력으로 개화하는데 실패한
우리의 역사를 회고하면서
우리 민족이 당면한 국가적 과제나
인류가 직면한 문제를 평가함에 있어
그의 역사의식과 통치자로서의
철학을 고스란히 담고 있었다
늦었지만 지금이라도 개혁하지 않으면
앞으로 우리는 살아남기 힘들다는
경고인 동시에 호소이기도 했다
당시에 이것이 유신으로 이어지라
생각한 사람은 없었다

도전과 응전

문명의 성장은 계속되는 도전挑戰에
성공적으로 응전應戰함으로써 이루어진다고 하는
'도전과 응전의 법칙'은
영국의 역사학자 아놀드 J 토인비가
그의 저서 『인류의 어머니 되는 지구』에서
언급하고 있다
토인비는 1897년 빅토리아 여왕의 등극 60주년 기념
축제를 기해 이야기를 전개하고 있다

당시 우리나라는 1897년 9월 서울
소공동 남별궁 환구단에서 고종의
황제의식을 거행하고 있었다
이때까지 흘러간 60년 동안 서구는
전 세계에 대한 우위를 확립해 놓아
우리나라는 서구열강의 개방 압력에 직면해 있었다
박정희 대통령은 그때를 가슴아파하면서
민족중흥의 역사를 쓰기 시작한 것이다

대한민국 황금시대

박정희 대통령이
1970년 4월 22일 전국지방회의에서
농촌의 자조 노력을 촉구했다
5월 6일 다시 국토 가꾸기를 지시해
새마을가꾸기 사업이 시작되었다
이때 등장한 운동원리가
'근면勤勉 자조自助 협동協同'으로
1972년부터 환경개선사업과 더불어
정신계발 소득증대 사업에 역점을 두기로 확정하고
특히 1973년부터는 도시주민을 포함
범국민운동으로 확대 발전시켰다
새마을운동은 통일에 대비한 민족의
대약진운동이라고까지 공언하였다
1970년대 중반 들어
'전국토지의 새마을화'
'전국민의 새마을화'
'국가사업의 새마을화'로 절정에 달해
제3차 경제개발 5개년계획(72~76)의 발표에 즈음하여
박정희 대통령은 자신에 찬 어조로
"1970년대 말쯤엔 그늘진 응달에도 고루 볕이 들게 하겠다"는 선언을 할 정도였다
새마을운동은 이와 같은 정책기조 하에서

더욱 박차가 가해졌다
1972년 10월 유신維新이 선포되자
새마을사업으로 한껏 기대가 부풀었던
농어민과 도시 저소득층은 일견
침묵의 동의를 표시한 것으로 간주해
새마을운동의 성과가 간접적으로나마
정치에 영향을 미치게 되었다
그때까지만 해도 박정희 대통령은
특유의 서민풍으로 농가를 직접 찾아
논두렁에서 막걸리를 함께 나누고
소득증대 방법을 토론하였다
제3차 경제개발 5개년계획이 성공으로 끝나고
건국 이래 처음으로 국제수지흑자를 기록한
1978년 무렵엔 조야가 온통
중동건설 붐과 수출호조에 들떠 축제분위기가 계속되었다
우리 5천년 역사에서 '황금시대'였다
이를 부인하는 세력은 종북 좌파뿐이다
김일성의 참패를 예감한 그들이었으니까

유신본당

36세에 혁명을 일으킨 JP(김종필)는
자신이 만든 중앙정보부의 장으로서
한일회담을 타결하고 공화당을 창당하는 등
새로운 권력 구심을 형성하는 과정에서
집권세력 내부의 심각한 마찰과 갈등을 유발시켰다
이때 JP는 소위 '자의 반 타의 반'의 외유外遊를 떠난 일이 있다
박정희 대통령에 대해 '알아서 기는 사람들'의 충성심이
그렇게 만들었다는 추측과 함께
후일 김대중 납치사건
김형욱 전 중정부장 납치살해사건 등도
충성심의 발로에서 생긴 일이다
이렇듯 권력 핵심에서 멀어졌던
JP는 1971년 6월 국무총리가 되었다
후일 '유신잔당'이라 공격하는 반대세력을 향해 JP는
"유신잔당이 아니라 유신본당이다"라고 정
면대응한 일이 있는데
이는 JP다운 항변이었다

박정희 슈퍼 팬들

1989년대 중국 공산당의 실권자였던
덩샤오핑鄧小平은 『박정희 평전』을 만들어
모든 고급관료에게 4번 이상씩 읽게 하는 과정에서
노태우 대통령의 북방정책이 빛을 발휘했고
시진핑習近平 중국 국가주석은 주석이 되기 전
한국을 방문해 박근혜 한나라당 대표를 만나
박정희 대통령에 관한 자료를 박스로 수집해간 일이 있다
블라디미르 푸틴 러시아 대통령도 집권 전에
박정희 대통령에 관한 서적을 대량으로 모아들였다

황교안 시험대 통과

2019년 4월 3일 경남에서 치러진
4·3국회의원 보궐선거 통영·고성에서
자유한국당 정점식이
창원·성산에서 정의당 여영국이 당선되었다
범여권과 자유한국당이 1석씩 나눠가진 것이다
더불어민주당은 정의당과 단일후보를 만들어
0대2로 완패를 피함으로써
북미정상회담 결렬과
청와대 김의겸 대변인 부동산투기
개각인사 실패 등으로 이어진 악재를 견뎌냈다
한국당은 여론조사에서 크게 밀리던
창원·성산에서 막판까지 박빙승부로
체면을 지켰다는 평가가 나왔다
현장에 가보니 황교안 대표에 대한
지역반응이 좋아 다들 놀랐고 후보보다
당대표의 힘으로 끌고 간 선거라고 했다

바른 말과 억지

창원·성산 보궐선거에서
오세훈 전 서울시장은
"노회찬 정신이 솔직히 자랑할 바는 못되지 않느냐
돈 받고 목숨 끊은 분의 정신을 이어받은 정의당 후보가
창원 시민을 대표해서야 되겠느냐"고 해
정의당은
"사자 명예훼손이다
극우 세력들이 내뱉는
배설 수준의 인신공격 판박이"라고 비판해
우리를 혼란스럽게 하고 있다

대학가 대자보

전국 대학가에 '김정은 서신'을 표방한
정부비판 대자보가 잇따라 발견됐다
목포의 한 대학에
'남조선 학생들에게 보내는 서신'
'남조선의 체제를 전복하자'는 제목의
대자보 2장을 부착했다
대자보에는
"소득주도성장 정책으로 자영업자
소상공인의 이윤추구를 박살냈다"는 등
정부의 경제 대북 원전정책을 비판하는 내용이
전국 450여 개 대학에 붙여졌고
법원과 국회에서도 발견되었다
2019년 4월 6일 서울 혜화역
마로니에공원 앞에서 촛불집회를 연다며
동참을 촉구한 단체명은 '전대협'이라고 했다

평양은 지금

2019년 4월 평양의 분위기가 심상치 않다
김일성 생일 4·15행사 분위기로 달아올라야 할 북한엔
긴장감이 드러나고 있다는 정보다
2월말 하노이 북미회담 결렬의
여진이 계속되고 대북제재는 북한
경제의 숨통을 옥죄고 있다
식량부족으로 춘궁기를 걱정하는
절박한 목소리가 해외 주재 북한
대사관까지 번지고 있다
여기에 김정은 체제붕괴를 표방하는
'자유조선'이란 파도까지 덮쳐
이들은 망명정부 수립을 거론하며
"자유의 명령을 거부할수록
김정은 정권은 수치를 경험할 것"이라
기세등등하다

속초와 고성의 산불

4월 4일 강원지역에서 잇따라 발생한 산불이
콘도 민가 주변까지 빠른 속도로 번지면서
사망자가 발생 피해가 속출하고 있다
문재인 대통령은
"정부는 총력 대응하라"
긴급지시 4·3보궐선거에서
"비겼으나 졌다"
몸 낮춘 더불어민주당
나오지도 않았는데 민정수석 조국
청문회 된 청와대 업무보고…
손혜원 부친 손용우의 독립유공자
심사가 특혜였다는 논란에
"니들 아버지는 그때 뭐하셨냐"
외교부 청사에서 열린 스페인과의 공식행사에
마구 구겨진 태극기 망신 외교 등등
4월 4일 하루의 이모저모로
다채로운데 산불은 번지고 있다

백자 항아리

동대문구 신설동 풍물시장엘 갔다가
들고 온 도자기 한 점
집사람은 있는 것도
갖다버릴 나이에 무엇을 샀느냐며
인상을 구겼다
그러나
포장지를 풀자
금방 반색하는 얼굴을 한다
民族中興

大統領 朴正熙
낙관이 찍힌 백자 항아리를
만지작거리면서

식목일의 악몽

4월 4일 강원도 일대에 발생한 산불은
강한 바람을 타고 민가를 덮치면서
속초시 강릉시 고성군과 인제군 일원
마을을 쑥대밭으로 만들었다
5일 현장으로 달려간 대통령·국무총리
내 삶이 다 타버렸다
잿더미 강원의 눈물
강원 동해안 휩쓴 악몽의 산불
특별재난지역 검토를 지시한
문재인 대통령의 국정지지도가
취임 이후 최저치인 41%를 기록했다
잘못하고 있다는 부정평가는 49%라고

적폐청산

'역사를 바로 세운다'고 과거를 부정하고
전임 두 대통령을 구속하고
국가경제를 파탄내고
지지율 최하위권으로 밀려난 YS김영삼
'적폐청산'을 외치며 전임 두 대통령을
구속시킨 문재인 대통령
이들의 공통점은 부산출신이다
1990년대 말 부산 앞바다에는
잘라버린 손가락이 둥둥 떠내려간다고
세상인심을 풍자하기도 했다

역사는 진실이다

더글러스 맥아더 장군이 아니었으면
적화통일이 되었을 것을
박정희 대통령이 아니었으면
북한이 지금처럼 비참하지는 않았을 것을
알팍한 뜨내기들의 생각
'억울하도다!'
우리의 힘으로
일본을 무찔러야 했는데
8·15광복을 맞은 김구의 한탄도
그랬었지

성공한 지도자엔

독불장군은 없다
조선왕조를 반석위에 올려놓은
명군名君 태종太宗 이방원에게
하륜 대감이 있었다
세종대왕世宗大王 옆에는 황희와 맹사성이 있었고
세조世祖옆엔 한명회와 신숙주가 있었다
민족중흥의 역사를 쓴
박정희 대통령 곁에 남덕우와 박태준
혁명을 같이 한 JP와
국책사업 파트너 정주영과 이병철 등
줄줄이 있었다

공인회계사의 중흥

1957년에 계리사법計理士法이
1962년에 증권거래법이 제정됐다
1966년 계리사법이
공인회계사법公認會計士法으로 바뀌고
1968년에 '자본시장육성에 관한 법률'이 제정되었다
당시 감사대상 법인은 60여개로
재무부 등록 공인회계사 감사반은
75개에 달했다
1972년 8월 3일
'경제의 안정과 성장을 위한 긴급명령'
제15호가 발표된데 이어
10월 유신헌법이 국민투표 91.5%
찬성으로 통과되고 12월에는
기업공개촉진법·은행여신관리규정
상호신용금고법이 제정되면서
감사대상 법인이 크게 늘어나면서
공인회계사 업계가 활기를 띠기 시작
1970년대는 공인회계사 황금시대로
기억되고 있다

청와대 앞 한국당

60여년이란 긴 세월이 흘렀다
나에게는 알토란같은 세월이기도 하지만
그동안 '말탄 놈' '소탄 놈' '개탄 놈'까지도 보면서 살아야 했다
강산도 민심도 많이도 변했다
보수정당 자유한국당이
4월 9일 청와대 분수대 앞에서 비상의총을 열었다
김연철 박영선 장관임명에 대해
문재인 대통령의 사과와
조국 민정수석의 사퇴 촉구 등을 담은
결의서를 청와대에 전했다
의총장은 사실상 청와대 성토장으로
나경원 한국당 원내대표는
"국정파트너로 야당을 조금도 생각지 않는다"
"청와대 공직기강 감찰은 믿을 사람이 없고
인사 검증은 부실하다 못해 포기한 수준"이라
비판했다

애꾸눈의 작품

단종端宗 복위를 꾀하다가
역적으로 몰린 사육신은 235년 후
숙종肅宗에 의해 복관되었다
그로부터 130여년 후 순조純祖 때
세도정치 안동김씨에 의해 사육신
사당을 건립하고 제사를 지내기 시작했다
그들의 허물을 가리려고 그랬다
2019년 4월 서울 광화문 광장 앞
정부청사와 교보생명 건물에
대한민국 임시정부 100주년을 맞아
10명의 그림사진 작품이 내걸렸다
김구 안창호 김규식 안중근 윤봉길 이봉창 유관순도 있고
사회주의자 여운형도 있는데
한복판에 있어야 할 이승만 대통령은 보이지 않았다

역사를 숨기려는 사람들

문재인 대통령은 공식석상에서
두 번이나 똑 같은 말을 반복했다
한번은 3·1운동 100주년 기념사에서
또 한 번은 집권2년이 되는
5월 9일 KBS 단독기자회견에서였다
2018년 우리나라는 30-50클럽에 가입했다고 했다
국민소득 3만 달러에 인구 5천만의 나라를 상징하는
30-50클럽에 미국 일본 영국 독일 프랑스 이탈리아에 이어
한국이 일곱 번째로 가입해
경제대국 선진국대열에 들었다는 취지에서였다
그러면서 문 대통령은
4·19혁명, 부마항쟁, 5·18을 열거했다
5·16혁명은 거론도 하지 않았다
손바닥으로 하늘을 가리는 대통령이다

타도打倒

좌파들의 구호는
'투쟁!' '타도!'다
기존질서를 때려 부수려는
본성이 강하다
특히 한국의 좌파들에겐
건국建國도
산업화産業化도
파괴의 대상일 뿐이다
'파괴는 창조의 어머니'라고도 하지만
아직 창조의 유전자가
유치하다

5부
좌파의 파괴본색

앉으면 까진다

수캐는 앉으면 까진다고
고스톱 자리에 앉기만 하면
돈 잃는 사람을 야유하는
말이기도 하지만
바깥에만 나가면 깨지고
들어오는 사람이 더 문제다

쑤시면 구린내 나고

막대기로 쑤시면 구린내가 난다
적폐청산을 보면서
얼굴이 찌푸려지는 이유다
한일과거사 위안부 강제노동
3·1운동 임시정부 100주년
여기에 인사청문회까지
모두 들 쑤셔놓았다
세상이 온통 구린내로 가득하다

미국에 간 문대통령

문재인 대통령이 4월 10일
한미정상회담을 위해 1박3일 일정의
미국 방문길에 올랐다
하노이 핵 담판 결렬 이후
처음 열리는 이번 회담은 북미비핵화
협상의 분수령이 될 것으로 보인다
김정은 북한 국무위원장은
'하노이 노딜'로 제재완화가 어렵자
'긴장된 정세'
'자력갱생'을 강조하고 나섰다
폼페이오 미국 국무장관은
김정은 위원장을 '폭군-tyrant'으로 규정하면서
북한이 '빅딜'에 합의할 때까지
대북제재를 통한 압박기조를 유지할 것이라고 했다
그 중간에서 무슨 해법이 있을까

촛불정부

촛불로 등장한 문재인 정부
스스로 진보정권으로 자부하지만
국민의 눈높이에 안 맞아
미래 지향적이기보다
'내치는 과거 집착'
'외교는 북 인권 외면'
모든 공산국가가
경제적 고립을 극복하지 못해 붕괴되었지만
우리 정부만
북한의 약속을 믿고 따라야 한다고 주장한다
국내 문제에는
국민들의 신뢰가 떨어진지 이미 오래다
실망한 국민은 이념적인 폐쇄성
고정관념에서 벗어나지 못하는
진보보다 열린 보수 진영으로
관심을 돌리지 않을 수 없다고
동아일보 오피니언에서 98세의
김형석 칼럼이 주장하고 있다

북한의 자력갱생

김정은 북한 국무위원장은
당의 전략노선을 정하는 4월 10일
당 중앙위원회 제4차 전원회의에서
'자력갱생'을 25번이나 언급했다
김일성 항일유격대 시절부터
전해온 '자력갱생론'을 끄집어 내
미국 주도의 대북제재에 맞서겠다는
뜻을 분명히 했다
그러면서 "제재로 굴복시킬 수 있다고 오판한
적대세력에 타격을 주어야 한다"고 주장했다

빈손 한미정상회담

1박3일 미국 방문을 마치고
4월 12일 귀국한 문재인 대통령
빈손으로 얻은 것이 없다
하노이 북미정상회담 결렬 이후 열린
4월 11일의 한미정상회담이 뚜렷한
성과 없이 끝난 것이란 평가다
문재인 대통령이 바랐던 대북제재 완화인
'개성공단 재가동' '금강산 관광재개'와
조속한 3차북미회담 개최문제도
트럼프 대통령으로부터
어떤 긍정적 다짐도 끌어내지 못했다
문재인과 트럼프는 116분 만났는데
단독 대화는 2분뿐이라고 해
일각에선 문재인 대통령의 외교 실패가 아니라
트럼프 미 대통령의 '외교결례'라는 지적이 나오기도

드라큘라 공포

60여 년 전 학창시절에 본
'드라큘라'가 아직 기억에 남아 있다
'벤허'와 같은 좋은 영화도 많았는데
하필이면 공포영화인가
당시에 느낀 드라큘라 공포는
가히 살인적인 것이었다
드라큘라의 이빨
이빨에 묻은 붉은 피
검은 사제복장
어둠침침한 분위기
언제 어디서 튀어나올지 모를 시체
적폐청산을 앞세워 과거를 깡그리
부정하고 오직 증오와 복수에 차
아픈 곳을 들쑤시고 구속영장 발부
압수수색하는 광경 등등
광화문 광장도 파헤친다고 한다

남북한의 차이

김일성과 김정일은
공산독재국가를 만들어
국민을 수탈하고 자유를 억압하고
궁핍생활을 강요하면서도
'흰밥에 쇠고깃국' 약속을 못 지키고
세상을 떠났지만
김정은과 북한 엘리트들은 그들을
존경하고 신격화하고 있다
자유민주국가를 수호하고 빈곤에서 탈출시켜
자유롭고 부강한 나라를 만들어
호화롭게 잘살 수 있게 한
이승만과 박정희는
종북 진보좌파들에게 독재자로 몰려
동상 하나 세울 장소도 없게
사회 분위기를 만들고 있다
'북한 독재'와 '남한 독재'
어느 것이 더 악질인가

좌파들의 생각

'적폐청산'으로
대한민국의 역사를 지워버리면
통일정부의 뿌리는 자동적으로
김일성과 김정일의 시신이 있는
만수산 태양궁전이 될 것이다
북핵도 우리의 핵이 될 것이고
아서라!
촛불정부를 탄생시킨 '민노총'의
조합원 수가 100만 명을 넘어섰다
직접 참여하는 정부위원회만 53개에 달하지만
세력에 걸맞는 사회적 책임과 의무는 외면하고
극단적 투쟁에만 골몰하고 있는 게 현실이다
초법적 권력집단으로 변질된
민노총의 폭주가 계속 되는 한
절벽이 보일뿐이다

아서라

1953년 7월 27일 휴전이 되고
북한 공산치하에서는 전력증강의 기간으로 설정하고
자기들이 승리하지 못한 책임을 은폐하기 위해
남쪽에서 월북한 남로당파를 반동분자로 몰아 죽였다
이승엽은 남로당 비서로서
공산군이 남침하자
서울 임시인민위원회 위원장이 돼
사람들을 북으로 납치해갔다
이로 인해 이승엽은 영웅이 되었지만
대남공작을 철저하게 하려는 이승엽의 포석이
중앙당 연락부를 완전히 장악해 버렸다
그 산하에 많은 무장인을 가지게 되자
이것이 화근이 돼 김일성의 눈을 거슬리게 되었다
남로당파의 우두머리 박헌영이 점차로 강성해지자
이를 제거하려는 음모로 처형이 시작되었다
이승엽 조일명 임화 박승원 이강국 배철 조용복 맹종호 설정식 등이 처형됐다
피신술에 능한 박헌영은 피신해 있다가 체포되어
1955년 12월 군사재판에서
간첩 파괴 살인 폭행 등의 죄목으로 처형되었다

월남도 예외가 아니었다
자유월남에서 공산정권에 조력한 성직자
전원이 통일 후 장애가 된다는 이유로
모두 처형된 사례가 있다
공산당의 속성을 아직도 우리는
모르고 있는 것일까

김정은의 일침

한미정상회담을 계기로 북미비핵화
협상의 '촉진' 행보를 본격화한
문재인 대통령 머릿속이 복잡해지고 있다
김정은 북한 국무위원장이 4월 12일
최고인민회의 시정연설에서
"남조선 당국은 추세를 봐가며
좌고우면하고 오지랖 넓은 '중재자'
'촉진자' 행세를 할 것이 아니라
민족의 일원으로서 제정신을 가지고
제가 할 소리는 당당히 하면서
민족의 이익을 옹호하는 당사자가 돼야 한다"고
비판했다

요지경 세상

자식의 죽음에 대한 세간의
동병상련同病相憐을
회 쳐 먹고
찜 쪄 먹고
그것도 모자라 뼈까지 발라먹고
징하게 해처먹는다고 주장한 사람이 있다
세월호 참사 5주기 하루 전날
차명진 전 의원이 막말을 퍼부었다
차 전 의원은 페이스북에
"지구를 떠나라 지겹다"며
유족들을 비난했다

과유불급

자유한국당
차명진 전 의원은 페이스북에
"개인당 10억원의 보상금 받아
이 나라 학생들 '안전사고대비용'
기부를 했다는 얘기 못 들었다"
"귀하다 귀한 사회적 눈물 비용을
개인용으로 다 써먹었다
나 같으면 죽은 자식 아파할까
겁나서라도 그 돈 못 쪼개겠다"
그러면서
"세월호 사건과 아무 관련 없는
박근혜 황교안에게 자식들 죽음에 대한
자기들 책임과 죄의식을 전가하려 하고 있다"
"좌빨들한테 세뇌당해서 그런지
전혀 상관없는 남 탓으로 돌려
자기 죄의식을 털어 버리려는
마녀사냥 기법을 발휘하고 있다"고도 했다
"자식 팔아 내 생계 챙긴 거 까지는
동시대를 사는 어버이의 한 사람으로
나도 마음이 아프니 그냥 눈감아 줄 수 있다"
그러나

"애먼 사람한테 죄 뒤집어씌우는 마녀사냥은
사회를 병들게 하고
해당자를 죽이는 인격살인"이라고 주장했다
과유불급이라는 단어가 생각난다
과유불급過猶不及!

세상이 노랗다

더불어민주당 국회의원들의 가슴에
노란 리본이 이색적이다
문재인 대통령과 김정숙 여사는
세월호 5주기를 추모하기 위해
노란 넥타이 노란 배지를 하고
중앙아시아 3개국 순방길에 올랐다
자유한국당 정진석 의원은
페이스북에
"세월호 그만 좀 우려먹으라 하세요
죽은 애들이 불쌍하면
정말 이러면 안 되는 거죠
이제 징글징글해요"라고 해
논란이 되고 있다

태극기의 수난

4월 16일 오후 경기도 성남 서울공항에서
문재인 대통령이 탑승할 공군1호기의
태극기가 뒤집혀 있었다
청와대는
"태극기에 이물질이 묻은 것을
발견한 대한항공 실무자가
새 태극기로 교체하면서 일어난 일로
이후 태극기를 제대로 걸고 이륙했다"고 해명했다
앞서 한·스페인 차관급 회담장에서
구겨진 태극기가 계양되기도 했고
문재인 대통령의 방미 때는
미국 의장대의 빛바랜 태극기가 등장하기도 했다

586세대의 정체

입만 열면 '민주주의'를 외치던
386세대 586세대의 정체가 하나도
민주적이지 않다고 하는 사실이
드러나고 있다
인사참사 권력욕 탐욕 불통 등
팽배한 내편 챙기기
'내로남불' 유행어에 이어
'내가하면 명언 남이하면 망언'
국론 분열의 촛불정부!
세월호 적폐청산에 목매여
김정은 장단에 춤추며
20년 100년 집권을 넘보고 있는 그들
2020년 4·15총선에선
국회의원 300석 중
더불어민주당의 260석 확보를 장담하고 있다

문재인 집권 2년

2019년 5월 9일
집권 2년의 문재인 정부가 받아든
경제성적표는 참담하다
고용 투자 수출 생산 소비
무엇 하나 온전한 게 없다
'일자리 정부'라면서
고용은 거의 재앙수준이고
청년체감 실업률은 최악의 상태다
자영업자는 아우성이고
올 1분기 경제성장률은 -0.3%다
소득주도성장과 친노조
가파른 최저임금 인상은 일자리를
없애고 양극화를 심화시켰다
그 한가운데는
자신들이 공권력인 양 행세하는 민주노총
평화시장 봉제공 '전태일 기념관'을
세워놓고 흥겨워하고 있다

독재자 후예

문재인 대통령이
5월 18일 제39주년 5·18민주화운동 기념식에서
자유한국당을 겨냥해
"독재자의 후예가 아니라면
5·18을 다르게 볼 수 없다"고 작심 비판했다
자유한국당 황교안 대표는 기념식
참석과정에서 물을 뿌리고 욕설을 하며
의자를 던지는 일부 시민단체들의
격렬한 항의를 받고 분향도 하지 못한 채 자리를 떴다
문 대통령은 이날 기념사에서
"아직도 5·18을 부정하고 모욕하는
망언들이 거리낌 없이 큰 소리로 외치고
있는 현실이 국민의 한 사람으로서
너무나 부끄럽다"며
"5·18이전 유신시대와 5공시대에
머무는 지체된 정치의식으로는
단 한 발자국도 새로운 시대로 갈 수 없다"고 해
논란이 되고 있다

황교안 패싱 논란

자유한국당 민경욱 대변인은
김정숙 여사의 '황교안 패싱' 논란까지 제기했다
"김정은 북한 국무위원장과도 공손하게 악수하셨던
김정숙 영부인이 황교안 대표에게는 왜 악수를 청하지 않고
빤히 얼굴을 지나쳤을 까요"라며
"남북화합 이전에 남남화합을 먼저 이루기 바랍니다
북한 사람보다 한국 사람부터 먼저 챙겨 주십시오"
라고 한데 대해 청와대 관계자는
"김 여사는 문 대통령과 함께 입장하는 중이었고
문 대통령의 속도에 맞춰서 걷다보니
악수하지 않고 지나치게 된 것"이라고 해명했다
이해찬 민주당 대표
황교안 한국당 대표
손학규 바른미래당 대표가 나란히
서 있는데 황교안 대표하고만
악수를 하지 않았다는 것이다

김정은의 대변인 짓

자유한국당 황교안 대표가 5월 21일
문재인 대통령을 향해
"대변인 짓"이란 표현으로 '막말' 논란에 휩싸였다
황 대표는 21일 인천 자유공원을 찾아
한국전쟁 당시 유엔군 총사령관
더글러스 맥아더 장군 동상에 헌화하고
"이 정부가 저희들을 독재자의 후예라 하고 있다
진짜 독재자의 후예는 김정은 아닌가
세계에서 가장 악한 세습독재자가 아닌가"라며
"문 대통령에게 요구한다 김정은에게
정말 독재자 후예라고 말해 달라
진짜 독재자의 후예에게는 한마디 못하니까
여기서 지금 대변인 짓이라고 하고 있지 않나"
"내가 왜 독재자의 후예인가
이게 말이 되나
황당해서 제가 대꾸를 안 한다"고 했다
청와대는 "말은 그 사람의 품격"이라고 비판했다

산업화의 주역 오원철

박정희 시대 한국 중화학공업과
방위산업 발전의 기틀을 마련한
오원철(91) 전 청와대경제수석이 5월 30일 별세했다
황해도 풍천 출신인 그는
경성전문대 화학공업과 서울대 화학공학과 전신 재학 중
6·25전쟁이 발발하자
공군기술장교 후보생으로 입대해 소령으로 예편했다
한국 최초의 승용차인
시발자동차 공장장을 지내다가
5·16혁명 이후 국가재건최고회의에서
박정희 대통령과 연을 맺고
18년 동안 경제개발 업무를 담당하면서
경제개발5개년계획을 수립하는 등
중화학공업 기획단장을 맡아
창원 울산 구미 여수 등지에 산업단지를 조성
한국의 산업화를 이끈 주역이라는 평가를 받았다
박정희 대통령 지시로
'원자핵연료 개발계획'이라는 비밀계획을
수립한 것으로 알려졌고
오일쇼크 때는 중동진출을 기획했다
행정수도이전 업무도 맡았지만

10·26사태로 중단되었고
업무능력이 탁월해
박정희 대통령이 창원공단 시찰을 마친 뒤
'국보國寶'라 칭찬할 정도였지만
1980년 신군부 쿠데타로 물러난 뒤
12년간 대외활동을 하지 않았다
1990년대에 기아경제연구소 상임고문
한국형경제정책연구소 고문을 지냈다
저서로는 『한국형 경제건설』과
『박정희는 어떻게 경제강국을 만들었나』 등이 있다
생전에 고인은
"세계 최고 수준의 기술력을 확보하지
않으면 경제성장을 지속하기 어렵다"며
'기술 강국'만이 살 길임을 강조했다

산업화와 민주화 논쟁

문재인 대통령은 2019년 6월 6일
동작동 국립현충원에서 열린
제64주년 현충일 추념식 추념사에서
"보수이든 진보이든 모든 애국을 존경한다"며
"스스로를 보수라고 생각하는 극단에 치우치지 않고
상식의 선에서 애국을 생각한다면
우리는 통합된 사회로 발전해 나갈 수 있을 것"이라고
강조하면서 한미동맹의 토대를 이룬 인물 중 하나로
북한에서 6·25전쟁 공로로 훈장을 받은 김원봉을 언급해
논란이 되고 있다
또한 문 대통령은
"오늘의 대한민국에는 보수와 진보의
역사가 모두 함께 어울려 있다
지금 우리가 누리는 독립과 민주주의
경제발전에는 보수와 진보의 노력이 함께 녹아있다"고
말했다
이에 대해 동아일보는
'박정희 시대'로 대표되는 보수진영의 경제발전 공로와
'6월 민주항쟁'으로 대표되는 진보진영의 민주주의 발전공로를
서로가 인정하고 품어야 한다는 의미라고 평가했다

중앙일보는
'진보'와 '보수'의 영역으로 구분돼온
민주화와 경제발전을 양 진영이 함께
이룬 결과로 규정한 말이라고 했다
경향신문은
우리사회는 지금까지 '산업화'와 '민주화'를 놓고도
상대의 가치와 역할에 대해 인정하지 않거나 폄훼해
왔다
특히 보수진영은 애국과 태극기를
자신들의 전유물인 양 주장해왔다며
문 대통령은 지금 우리가 누리는
독립과 민주주의와 경제발전에는
보수·진보의 노력이 함께 녹아있다고 말함으로써
결국 '독립운동' '산업화' '민주화' 역사가
 하나의 운명공동체 안에 있다는 의미일 것이란 해석
을 내려
앞으로의 귀추가 주목되고 있다

국립중앙도서관 출판예정도서목록CIP

이 도서의 국립중앙도서관 출판예정도서목록CIP은 서지정보유통지원시스템 홈페이지http://seojinlgokr와 국가자료공동목록시스템http://wwwnlgokr/kolisnet에서 이용하실 수 있습니다.

(CIP제어번호 : CIP2020000228)

김제방 시집
박정희 황금시대

초판인쇄일 2020년 1월 2일
초판발행일 2020년 1월 6일

지은이 : 김제방
발행인 : 김순진
편집장 : 전하라
디자인 : 김초롱
펴낸곳 : 문학공원
등 록 : 2004년 3월 9일 제6-706호
주 소 : 우편번호 03382 서울 은평구 통일로 633
    녹번오피스텔 501호 스토리문학사
전 화 : 02-2234-1666
팩 스 : 02-2236-1666
홈페이지 : http://cafe.daum.net/yob51
이메일 : 4615562@hanmail.net

※ 책값은 뒤표지에 있습니다.
※ 저자와의 협의에 의해, 인지는 생략합니다.